사랑하며 살기에도
시간이 부족하다

사랑하며 살기에도 시간이 부족하다

지은이 | 이성미
초판 발행 | 2014. 5. 19
2판 1쇄 | 2024. 4. 11
등록번호 | 제1988-000080호
등록된 곳 | 서울특별시 용산구 서빙고로 65길 38
발행처 | 사단법인 두란노서원
영업부 | 2078-3352   FAX 080-749-3705
출판부 | 2078-3331

책값은 뒤표지에 있습니다.
ISBN 978-89-531-4840-6 03230

독자의 의견을 기다립니다.
tpress@duranno.com   http://www.duranno.com

두란노서원은 바울 사도가 3차 전도 여행 때 에베소에서 성령 받은 제자들을 따로 세워 하나님의 말씀으로 양육하던 장소입니다. 사도행전 19장 8-20절의 정신에 따라 첫째 목회자를 돕는 사역과 평신도를 훈련시키는 사역, 둘째 세계선교(TIM)와 문서선교(단행본·잡지) 사역, 셋째 예수문화 및 경배와 찬양 사역, 그리고 가정·상담 사역 등을 감당하고 있습니다. 1980년 12월 22일에 창립된 두란노서원은 주님 오실 때까지 이 사역들을 계속할 것입니다.

사랑하며 살기에도 시간이 부족하다

이성미 지음

두란노

차
례

Part 2
자녀는 부모의 등을 보고 자란다

Part 3
내 인생의 광야를 지나

Part 4
"제가 가겠습니다"

경험한다고 모든 것을 알 수는 없지만, 경험하지 않고 인생의 깊이를 가질 수는 없다. 그것도 제대로 인생을 경험하고 고백한 사람의 말이라면 그 무게와 울림은 다르다. 이성미 집사님은 그런 무게와 깊이의 인생을 경험하고 《사랑하며 살기에도 시간이 부족하다》란 책을 썼다. 이런 분이 바로 내 옆에 있다는 것 자체가 나에게 큰 축복이다. 그 축복을 많은 사람과 나누고 싶어서 이 책을 기쁜 마음으로 추천한다. 그리고 이 책을 읽는 모든 분들의 삶에도 이런 고백이 있기를 기대한다.

– 김남국 (주내힘교회 담임목사)

"사람이 꽃보다 아름답다"는 말이 있는데, 이 말을 들으면 성미 언니가 떠오른다. '왜일까?' 그것은 아마도 언니 안에 있는 '사랑' 때문이 아닐까 생각한다. 책 제목 그대로 언니는 '사랑하기에도 시간이 부족한 사람'처럼 살고 있다. 하나님을 그토록 사랑하며 살다 보니 어느 결에 하나님의 사랑의 마음을 선물로 받은 듯하다. 나 또한 그 사랑의 혜택을 받아 힘든 시기를 언니 덕분에 잘 이겨낼 수 있었다. 이 책에는 사랑이 참 많이 배어 있다. 작지만 그 안에 깃든 사랑만큼은 세상 그 누구보다도 차고 넘치는 여인, '작은 거인 이성미'가 고스란히 담긴 책이라 읽는 내내 참 따뜻했다. 독자 분들도 많이 읽고 많이 사랑하기를 바란다.

– 김지선 (개그우먼)

날마다 함께 라디오를 진행한 지도 벌써 2년이 다 되어 간다. 참 부지런하고 늘 무언가를 위해 움직이고 있는 성미가 이번에 책을 썼단다. 외모로 보면 나는 대자, 성미는 소자이다. 이것이 방송에서 우리의 캐릭터다. 하지만 실상은 완전 반대다. 특히 하나님 앞에서의 성미는 정말 작은 거인이다. 이 땅의 많은 연예인들을 주님 앞으로 오게 하는 선배로서 성미는 연예인 연합예배를 4년째 달마다 인도하고 있다. 주님의 자랑스러운 딸 성미는 사랑하기에도 모자란 날들을 오늘도, 내일도 잠시의 남김없이 채우며 살아 내고 있다. 이에 박수를 보낸다.

— **노사연** (가수 겸 MC)

살다보면 누구에게나 롤 모델이 있다. 롤 모델을 누구로 정하느냐에 따라 인생의 방향이 보인다. 성미 언니는 누구보다 치열하게 자기 인생을 살아왔다. 그 작은 몸으로 여러 가지 고비들을 대차게 이겨냈다. 얼마나 많은 눈물과 기도가 있었던가. 하지만 언니는 기도의 응답과 확신을 통해 삶의 방향을 확실히 정하고 쉬지 않고 앞으로 나아간다. 누구보다 작고, 누구보다 강하다. 그래서 많은 후배들의 인생 롤 모델이다. 지금 가정의 문제, 신앙의 문제로 마음 앓이 하시는 분들은 이 책을 통해 언니의 지혜와 기도를 들여다보길 바란다. 글자를 통해 위로 받고, 치유 받고, 무엇보다 언니와 함께하신 하나님을 만나길 바란다.

— **박미선** (개그우먼 겸 MC)

이성미 선배님을 보면 작은 거인이라는 생각이 듭니다. 그 이유는 작은 체구 안에 하나님의 크신 사랑이 가득 담겨 있기 때문입니다. 그 사랑으로 채워지기까지 많은 상처와 아픔 그리고 나라는 자아를 비워 내는 과정이 있었을 것입니다. 이 책 안에는 더 이상 아픔으로 남아있지 않은 이성미 선배님의 지난 날들의 고백이 있습니다. 그리고 하나님의 사랑을 알아가며 그 사랑을 삶으로 살아가고자 "사랑하기에도 시간이 부족하다"라는 고백이 있습니다. 많은 분들이 간증계의 이효리를 만나는 신나는 시간을 갖게 될 것입니다.

— **션** (가수)

선배님은 눈물이 많습니다. 주님께 감사하다고 울고, 많은 후배들을 사랑하게 해달라고 울고, 예배의 자리를 지키기 위해 항상 두려워하며 기도하면서 웁니다. 그 눈물의 이유가 이 한 권의 책에 고스란히 녹아 있습니다. 아픔과 상처들을 소망과 기쁨으로 바꾸시는 하나님의 사랑…. 그 사랑을 다른 이들에게 아낌없이 나누는 이야기가 누군가의 마음을 울리길 기대합니다.

— **신보라** (개그우먼)

이성미 집사님을 처음 만났을 때를 기억합니다. 충격이었습니다. 전혀 예상과 달랐기 때문입니다. 연예인이라는 이미지가 완전히 깨졌습니다. 한마디로 정말 사랑스러운 분입니다. 그의 마음에는 연예인 동료들과 후배들을 향한 눈물이 가득하였고, 다음 세대들을 향한 간절한 기도가 절절했습니다. 연예인 연합예배를 섬기러 갈 때마다 만나는 이성미 집사님은 진실함과 다른 사람을 향한 사랑으로 가득한 분이었습니다. 주님께서 부탁하신 대로 발 씻으시는 자의 삶을 사십니다. 이 책을 읽으면서 "그랬구나!" 하며 그동안 보고 느꼈던 이성미 집사님을 깊이 이해하게 되었습니다. 이 책은 읽는 이들에게 주님께서 어떻게 상처 많고 연약한 자를 치유하시며 구원하시고, 창조의 원형으로 회복시키시며, 사명자로 훈련시키시고 세워 가시는지 알게 해 줄 것입니다.

— **유기성** (선한목자교회 담임목사)

한 사람의 삶을 들여다본다는 것만으로도 이렇게 은혜가 넘쳐날 수 있다는 것을 이 책을 읽으며 깨달았습니다. 그 은혜가 모든 독자 여러분께도 흘러가길 기도합니다. 배우로, 아내로, 엄마로 살아가는 저에게 큰 힘과 위로가 되었습니다. 이 책을 통해 가족 간의 온전한 사랑을 되찾고 삶의 목적을 되새겨 볼 수 있게 되길 소망합니다.

— **유호정** (배우)

이성미 씨는 참 작습니다. 그런데 누구보다 큽니다. 그녀 안에 있는 예수님 때문입니다. 그녀는 누군가를 정말로 사랑합니다. 누군가를 위해 정말로 기도합니다. 목숨을 걸고 사랑하고 목숨을 내놓고 기도합니다. 그래서 그 삶에 감동이 있습니다. 그 삶의 이야기를 읽으면 눈물이 납니다. 그 눈물이 있어 그녀가 선물하는 웃음은 생명입니다. 이성미 씨는 참으로 바쁩니다. 사랑하며 사느라 정신이 없습니다. 우리 모두가 그렇게 바빴으면 좋겠습니다.

— **조정민** (베이직교회 목사)

하나님의 사랑을 전하지 않고는 못 견디는 언니의 그 사랑에 눈물이 납니다. 이 책을 통해서 언니의 삶에 늘 함께하시는 주님을 볼 수 있다는 것만으로도 많은 연예인 후배들에게는 큰 은혜입니다. "언니, '언니의 사랑 그릇'에는 분명히 손잡이가 달려 있을 거예요. 오늘도 그 사랑을 이곳저곳에 나눠 주느라 자신의 몸도 돌보지 않고 주님의 일을 하는 언니의 건강을 위해서 기도합니다."

— **하희라** (배우)

더하고 빼고 붙이고 오리고 계속 반복되는 시간 속에서 참 많이 고민했다. 어떻게 나 같은 사람이 감히 간증집을 내겠는가? 이미 작고하신 하용조 목사님이 처음에 책을 쓰라고 했을 때만 해도 겁 없이 "예" 하고 대답해 버렸다. 그런데 시간이 지날수록 그것이 부담이 되더니 결국 펜을 들게 되었다. 물론 그러기까지 시간이 꽤 걸렸다.

우리 아이들은 특별하지 않다. 명문 대학에 들어간 것도 아니고 뛰어난 재능이 있는 것도 아니다. 그렇다고 내가 연예인으로서 잘나가는 위치에 있는 것도 아니다. 예전처럼 돈을 많이 버는 것도 아니고 더구나 건강하지도 못하다. 세상에서 보면 자랑할 것이 하나도 없다. 그런데 분명한 것은, 지금 나는 가장 행복한 시간을 보내고 있다는 사실이다. 이 행복을 독자들과 나누고 싶다.

　내 인생을 돌아보는 지금 이 순간, 한 글자 한 글자가 너무 소중하게 여겨진다. 이 감사한 마음을 어떻게 글로 표현할 수 있을까! 이 터질 듯한 사랑을 어떻게 나눌 수 있을까!

　혹시라도 우리 하나님 아버지께 부끄러운 딸이 되지 않을까 싶어 조심하고 또 조심스럽다. 그럼에도 부족한 내가 글을 쓰도록 응원하고 이끄시는 것을 느끼기에 감히 용기를 냈다. 지금의 나를 만들어 주신 아버지, 앞으로도 나를 새롭게 빚어 가실 아버지, 완성된 모습이 아니라 지금 이대로 나를 사용하시는 아버지, 그 아버지의 사랑이 눈물겨워서, 그 사랑을 나누고 싶어서 나는 글을 쓰기로 했다.

버려진 것 같은 인생 속에서 주님을 만났다. 숨쉬는 것조차 포기했을 때, 사방이 막혀 있을 때, 바닥에 쓰러져 있을 때, 주님은 아무것도 할 수 없는 내게 오셔서 손을 잡아 일으켜 주셨다.

나는 주님을 만난 뒤에도 넘어지고 일어나고 또 넘어지고 일어나는 시간을 보냈다. 어쩌면 지금이 넘어진 순간일지도 모르겠다. 하지만 비록 지금 넘어진 순간일지라도 감사하다. 여전히 나를 놓지 않으시는 아버지의 사랑을 잘 알기에 넘어졌을지라도 감사할 수 있다. 예수님 때문에 나는 충분히 행복하다. 그 사랑을 이제야 알게 되었다. 그래서 나는 오늘이 마지막인 것처럼 최선을 다해 사랑하며 살기로 했다. 그래서 나는 시간이 없다. 오늘 눈감기 전에 인생을 잘 마무리해야만 하기에.

나는 안다. 오늘 주어진 하루 사랑하며 살기에도 부족하다는 것을.

이 책을 쓰면서 감사의 말을 전하고 싶은 분들이 있다.

제일 먼저 하나님 아버지께 감사하다. 사랑하는 가족들, 연합예배의 시작을 함께해 주신 김용의 선교사님, 언제나 흔쾌히 연합예배에 와 주시는 열두 분의 목사님들, 찬양으로 항상 먼저 섬겨 주는 마커스, 노란 조끼 봉사자들, 맛난 밥 해주시는 권사님, 커피 봉사팀, 음향 팀 그리고 CGNTV! 이분들 덕분에 여기까지 왔다.

"주님, 감사합니다."

"모두모두 사랑합니다."

2014년 5월

이성미

Part 1

부서지다 그리고 다시 세우다

생각도
못한
캐나다행

2002년 9월 6일 나는 대책도 없이 캐나다로 떠났다. 아들은 4학년 때부터 유학을 가겠다고 노래를 불렀지만 나는 콧방귀도 뀌지 않았다. 사실 나는 조기유학을 굉장히 못마땅하게 생각하는 사람이었다. 도대체 영어가 뭐라고 본토 발음을 찾아서 어린 나이에 부모와 떨어져 살아야 한단 말인가? 더구나 그 비싼 돈을 들여 영어를 배워서 과연 얼마나 성공할 것이며, 쓸 데가 있다 한들 얼마나 많겠는가? 차라리 돈이 없어서 공부할 수 없는 아이들을 돕는 것이 더 의미 있지 않겠는가? 더구나 아들은 그때까지 공부에 재능을 보이지도 않았다.

"여기서도 공부에 취미 없는 네가 외국 나간다고 갑자

기 공부에 불이 붙겠니? 얼마나 영어를 잘해 보겠다고 가족과 생이별을 하겠어? 여기서 한국말이나 제대로 해. 정 배우고 싶으면 여기서 배워. 쓸데없는 생각 말고."

아들이 유학이라는 말을 꺼낼 때마다 나는 이렇게 쏘아붙였다. 아들이 공부를 너무 좋아해서 학구열에 불탔다면 나도 못 이기는 척 생각해 보았을 것이다. 그러나 나를 닮은 아들은 공부하고는 담을 쌓다시피 했다. 그런 아이가 어느 날 갑자기 외국에 나가자마자 기적같이 책상에 붙어 앉아 머리를 싸매고 공부하겠는가.

그렇게 유학 하면 귓등으로도 안 듣던 내가 마음을 바꾸었다. 아버지가 다시는 돌아오지 못할 길을 떠나신 뒤였다. 아버지가 세상을 떠나자 한순간에 모든 것이 무너져 버렸다. 모든 것이 귀찮아졌고 살고 싶지 않았다. 허허벌판에 혼자 남겨져 길을 잃은 아이처럼 나는 너무 무서웠고 아무것도 할 수 없었다. 밥을 먹다가도 길을 걷다가도 눈물이 흘렀다. 밤마다 혼자 남겨진 두려움에 무서워 떨며 아버지를 목 놓아 불렀다. 나는 대답 없는 아버지를 찾아 헤맬 뿐 아무것도 할 수 없었다. 그런데 신기하게도 배고프면 밥숟가락을 입에 넣었다.

'내가 그렇게 사랑한 아버지가 돌아가셨는데도 난 살겠다고 밥이 목구멍으로 넘어가는구나.'

아버지가 돌아가신 후 나는 심하게 몸살을 앓았다. 현관문을 열고 집에 들어오면 소파에 누워 계신 아버지의 목소리가 들렸다.

"미야, 갔다 왔나. 어여 씻고 밥 먹어라."

핸드폰에 남겨진 아버지의 흔적을 지우며 다시는 볼 수 없고, 들을 수 없다는 사실에 뜨거운 눈물을 흘렸다.

나는 개그맨이라 아무리 눈물이 가슴을 타고 흘러내려도 사람들 앞에서 웃겨야 했다. 도저히 이런 내 모습을 참을 수가 없었다.

'그만두고 좀 추스르자. 이건 아닌 거 같다. 내 속에서 내가 울고 있는데 나를 속이고 일을 할 수는 없다.'

나는 모두 내려놓고 쉬어야겠다고 마음먹었다. 그런데 그때 문득 아들이 오래전부터 조르던 유학이 생각났다.

'여기가 아닌 다른 곳으로 가면 좀 나으려나? 아니 차라리 이민을 떠나 버릴까?'

'그래. 상처뿐인 이 나라를 떠나야겠어.'

나는 잠시 쉬겠다는 마음을 고쳐먹고 아예 이민을 가자

고 결심했다. 그런데 막상 떠나려니 어디로 가야 할지 난감했다. 꿈꿔 본 적도 없고 생각해 본 적도 없는 외국 생활을 그야말로 아무 대책 없이 '가겠다'고만 결심한 것이다.

내가 떠나겠다고 하니 다들 미국으로 가라 했다. 하지만 나는 막연히 미국이 아닌 다른 나라로 가고 싶었다. 어디가 좋을지 여기저기 알아보는데, 누군가 캐나다의 자연이 너무 좋다고, 사람보다 나무가 더 많고 아름답다고 했다.

'그래, 캐나다로 가자.'

아들은 캐나다로 가자니까 무조건 좋다고 했다. 어디든 떠나면 좋다고 했다. 그때부터 우리는 묻지도 따지지도 않고 않고 캐나다 이민을 준비하기 시작했다.

돌이켜 보면, 물론 나는 까맣게 몰랐지만, 캐나다 이민은 이미 하나님이 계획하신 일이었다. 그때는 내 생각으로 한 것 같았지만 하나님의 섬세하신 계획과 인도에 따라 한 걸음 한 걸음 옮겨졌다는 것을 알게 되었다.

"사람이 마음으로 자기의 길을 계획할지라도 그의 걸음을 인도하시는 이는 여호와시니라"(잠 16:9).

나는 캐나다에 대해 알아보기 시작했다.

그러던 어느 날 뜬금없는 이메일 한 통이 날아왔다. 내용은 대충 이랬다.

'어렵게 메일 주소를 알아냈다. 충신교회 1부 예배 때 플루트 봉사를 한 사람이며 캐나다에서 꽤 오래 살고 있다. 전혀 아무 뜻은 없고 그냥 도와주고 싶다. 나는 사기꾼(?)이 아니다. 목사님께 여쭤 보면 알 거다.'

그냥 도와주고 싶다고? '그냥'이라는 말도, 사기꾼이 아니라는 말도 걸렸다. 정말 아무 사심 없이 날 돕고 싶다는 건지, 아니면 나를 이용해 한탕 하려는 것인지 그 저의가 의심스러웠다. 나도 그냥 정체불명의 이 이메일을 무시할까 하다가 박종순 목사님께 여쭤 봤다. 뜻밖에도 목사님은 믿고 맡길 만한 사람이라고 적극 추천하셨다.

사실 외국 간다니까 주변 사람들이 특히 한국 사람을 조심하라고 신신당부했다. 일면식도 없는 사람이 내 이메일 주소를 어렵게 알아내서 '그냥' 돕고 싶다니, 목사님이 보증한 사람이라도 쉽게 믿음이 생기지 않았다.

"하나님, 이분과 만나게 하신 데도 하나님의 뜻이 있을 것이라 믿습니다. 그럼 믿고 갑니다."

하나님께 기도한 후 그녀와 이메일을 주고받기 시작했다. 그리고 아들과 함께 3박 4일간 사전답사를 가기로 했다. '그냥' 돕겠다는 이 사람을 믿어도 좋은지, 그림이나 사진으로만 보던 캐나다가 과연 살기 좋은 곳인지, 내 눈으로 직접 확인하고 싶었다. 나는 서둘러 비행기를 타고 캐나다로 갔다.

그날 공항에서 만난 그녀는 천성이 착한 섬김이라는 생각이 들었다. 그저 도와줄 일만 찾는 참 희한한 사람이었다.

그녀는 쓸데없이 돈 쓰지 말라며 자기 집에서 재워 주고 먹여 주고 여기저기 데려다 주며 사전답사를 충실히 하도록 도와줬다. 우리는 피곤함도 잊고 정신없이 그녀를 따라 여기저기 구경하기 바빴다. 처음엔 너무 잘해 주니까 고마우면서도 의심스럽기도 했다. 하지만 그녀의 진심을 알고 난 뒤 미안하고 고맙고 염치없지만 달리 돌려줄 방법이 없으니 그저 감사하게 받기만 했다. 하나님은 도대체 언제 이런 사람을 구해 놓으셨단 말인가! 누가 생판 모르는 남을 위해 이렇게 몸 바쳐 헌신할 수 있단 말인가.

그녀는 아름다운 자연을 보라며 나를 어딘가로 끌고 올라갔다. 그로스 마운틴(Grouse Mountain)이었다. 그곳에서 본 시내 전경과 자연은 내 마음을 송두리째 사로잡았다. 사방천지 자연의 푸르름이 나를 환영하고 있었다. 자연은 보란 듯이 나에게 자랑하고 있었다. 어마어마한 나무와 하늘과 구름과 바다가 나를 불렀다.

'그래, 이 나라야!'

나는 그 순간 서울을 떠나 캐나다로 이민 가기로 마음을 굳게 먹었다. 그녀에게 아들이 다닐 크리스천 스쿨을 알아봐 달라고 해서 학교 교장도 만나고 우리가 살 동네도 정했다. 그렇게 밑도 끝도 없이 첫눈에 반해 무작정 살기로 한 곳이 밴쿠버다.

가자!
밴쿠버

사전답사를 다녀오고 마음을 정하니 한결 가벼워졌다. 나는 그제야 남편에게 캐나다로 이민 가는 게 어떻겠냐고 물었다. 그런데 남편은 완강히 가지 않겠다고 했다. 나이 마흔에 낯선 땅에 가서 무엇을 하겠냐는 것이었다. 굳이 가겠다면 아이들만 데리고 가라고 했다. 가족이 함께 떠나는 것이 옳다고 설득했으나 남편은 절대 가지 않겠다고 못을 박았다.

생각해 보니 남편의 말에도 일리가 있었다. 더구나 당시 우리 부부는 왠지 모를 서운함 때문에 거리감을 느끼고 있었다.

'오히려 헤어져 있는 게 서로에게 더 좋을 수도 있어. 이

번 기회에 떨어져 있으면서 서로 자신을 돌아보는 시간을 가져 보자.'

우리는 남편이 캐나다로 오든 우리가 한국으로 오든 1년에 한 번 만나기로 하고 당분간 기러기 가족이 되기로 결정했다. 내가 한국에서 일을 정리하는 동안 아들이 먼저 캐나다로 가서 홈스테이를 하기로 했다. 아들은 부모를 떠나 산다는 설렘에 엄청 들뜬 것 같았다.

"엄마! 나 혼자 거기 있는 거야? 야호! 진짜 나 혼자? 야호!"

한국에서 하숙을 해도 힘든데 말도 안 통하는 그 먼 나라에서 혼자 어찌 지내려고 그러는지, 아들은 내 염려와 상관없이 콧노래를 불렀다.

"엄마, 내가 먼저 가서 터를 닦아 놓을 테니 걱정 마셔. 공부도 열심히 할게."

아들은 그저 신나서 날짜만 꼽았다.

드디어 떠나는 날, 아들은 공항에서 눈물 흘리는 내 어깨를 토닥이며 "어머니, 6개월 동안 멋진 아들이 되어 있겠습니다. 영어도 열심히 해서 엄마가 오면 제가 안내해 드릴게요. 걱정 마세요. 잘할 게요" 하며 오히려 나를 위로해 주었다.

아들을 떠나보낸 뒤 나는 42년을 사는 동안 알게 된 사람도 일도 정리하기 시작했다. 그러는 동안에도 혹시 남편의 마음이 바뀌지 않을까 기대했지만 피차 고집이 대단한 줄 아니까 더 이상 말은 하지 않았다.

그렇게 정신없이 시간을 보내고 드디어 캐나다로 떠나는 날, 나는 배웅 나온 후배들을 붙잡고 한참을 울었다. 다시는 안 돌아올 것처럼 꺼이꺼이 목 놓아 울었다. 남편은 그러는 나를 물끄러미 쳐다보았다. 어쩐지 말하지 못한 아쉬움이 있는 것 같았지만 나는 묻지 않았다.

'하나님, 제가 이 땅을 떠나는 이유가 있겠죠? 제가 거기에 가면 어떤 일이 준비되어 있을까요? 전 다시 이 나라로 안 돌아옵니다. 그곳에서 새롭게 시작할 겁니다.'

나는 비행기에 올라 눈을 감았다. 그리고 얼마 후 안내방송이 나왔다.

"40분 후면 저희 비행기가 밴쿠버 국제공항에 착륙합니다."

창문을 여는 순간 유난히도 파란 하늘이 우리를 반겨주었다.

감사,
감사,
감사

2002년 9월 6일 아침에 도착한 캐나다의 하늘은 내가 옛날 시골에서 본 하늘 그대로였다. 뭉게구름이 몽실몽실 떠 있는 푸른 하늘, 그 하늘이 너무 아름다워서 하루 종일 하늘만 보고 있어도 좋았다.

공항에서 수속을 마치고 나가니 아들이 나를 와락 껴안으며 "엄마 와 주셔서 감사합니다"를 연발했다. 6개월 동안 홈스테이를 하면서 부모 떠나면 고생이란 걸 뼈저리게 느낀 모양이었다. 2002년 월드컵 때 우리나라가 이탈리아를 이기는 바람에 이탈리아인인 홈스테이 아저씨가 밥을 안 줬다는 둥 어느 홈스테이는 어떻다는 둥 그동안 힘들었던 것들을 쉬지 않고 일러바쳤다.

"집에서 누릴 때 잘하지. 짜식! 떠날 때는 엄청 잘난 척 하더만."

아들이 안쓰러우면서도 고맙고 대견했다. 미리 렌트해 놓은 집에 도착해서 먼저 이 방 저 방을 구경한 뒤 대충 짐 정리하고 낯설고 생소한 거리로 나갔다. '이제 이곳이 내가 살아야 할 땅이구나' 생각하며 구석구석 놓치지 않고 머리에 집어 넣었다. 앞으로 혼자 해야 할 일이 얼마나 많을지 몰라도 행복했다. 마냥 설레기만 했다. 설마 이 나이에 외국 생활을 할 줄 누가 알았을까? 아이들과 함께 캐나다로 이민 온 사실이 그저 놀랍고 신기하기만 했다.

다음 날부터 무엇을 어떻게 해야 할지 몰랐지만 하루하루가 바쁘게 지나갔다. 아침이면 낯선 거리를 익히느라 온몸에 더듬이를 세우고 부지런히 다녔다. 혹시 길을 잘못 들어서면 끝이란 생각에 눈에 넣고 또 넣어 두며 조심하고 또 조심했다. 워낙 땅 덩어리가 넓다 보니 길도 주차장도 엄청 넓었다. 길을 잃어서 돌고 또 돌아 겨우 집을 찾은 적도 있고, 주차해 놓은 차를 못 찾아 여기저기 헤매기도 했다. 그러다 깜깜한 밤이면 수많은 별과 환한 달을 보다가 같이 못 온 남편이 생각나고 영영 돌아오지 못할 아버지가 생각나서 눈물을 흘렸다.

그래도 캐나다에서 보낸 날들은 좋았다. 밤이 밤이고 낮이 낮인 시간을 얼마 만에 가져 본단 말인가! 일을 완전히 내려놓고 아이들 옆에서 하루 종일 엄마 소리를 들을 수 있다는 것이 꿈만 같았다. 아침부터 잘 때까지, 그리고 아이들 옆에서 일어날 때마다 내가 지금 꿈을 꾸고 있는 건 아닌지 되묻곤 했다.

캐나다의 밤은 철저하게 밤이었다. 밤 10시면 모든 상점이 문을 닫았다. 아무도 다니지 않는 거리는 정말 고요했다.

그동안 앞만 보고 달린 내게 캐나다는 하나님이 주신 쉼터였다. 정말 감사했다. 이 시간을 허락하신 하나님께 감사와 찬양을 끝없이 올려 드렸다. 초막이나 궁궐이나 내 주 예수 모신 곳이 그 어디나 하늘나라였다.

익숙함과
낯섦

캐나다에 갈 때 첫째는 열세 살, 둘째는 다섯 살, 막내는 14개월이었다. 둘째는 한국을 떠나 캐나다 유치원에 처음 들어갔을 때 많이 울었다. 코가 높은 선생님들 때문에 울고, 낯선 아이들 때문에 울고, 안 들리는 영어 때문에 울고, 바뀐 환경 때문에 정말 많이 울었다. 나는 우는 아이를 어떻게 달래야 할지 몰랐다. 아무것도 해줄 수가 없어서 그저 안고 달랬다.

'다시 돌아가야 하나? 잘살고 있는 애들 데려와 괜히 고생시키는 건 아닌가? 내 생각만 했나?'

아이들 의견은 묻지도 않고 내 마음대로 결정한 것이 미안했다. 멋모르고 따라나선 아이들이 불쌍해서 마음이 아팠다.

어느 날 둘째아이 방에 갔더니 혼자 침대에 앉아 "한국 하늘아, 넌 잘 있니? 여기는 캐나다 하늘이야. 너무 보고 싶고 그립다. 친구들아" 하면서 눈물을 흘리고 있었다. 마음이 너무 아팠다. 하지만 이 과정을 뛰어넘지 못하면 영원히 일어나지 못할 거라는 생각이 들었다. 어쩌면 아이에게 첫 번째로 찾아온 고난인데 피하라고 가르칠 수는 없었다. 내가 대신 뭘 해줄 수도 없었다. 나는 아이와 함께 부딪혀 나가는 방법을 택하기로 했다.

나는 유치원 뒷자리에 둘째와 함께 앉아서 수업을 들었다. 훗날 둘째는 이날을 기억하며 내가 아무 생각 없이 앉아 있는 것만으로도 큰 위로가 되었다고 했다.

그러던 어느 날부터인가, 둘째는 영어를 습자지처럼 받아들이기 시작했다. 선생님이나 친구들의 말을 곧잘 알아들었다. 그에 비하면 나는 기름종이 같았다. 오전 내내 같이 앉아 있었는데도 나는 어떤 말도 들리지 않았다.

일주일이 지나자 아이는 선생님이 준비물을 가져오라고 했다며 준비물을 챙겼다.

'허 참! 어떻게 알아들었을까? 난 아무것도 못 들었는데….'

얼마 더 지나니 아이는 조금씩 입을 열어 한마디씩 의사표현을 했다. 난 아이가 너무 부러웠다. "넌 어떻게 들려?" 했더니 "몰라. 그냥" 했다.

'참나! 뭐가 그냥 들린다는 거지?'

나는 아이가 어떻게 그렇게 빨리 영어를 알아듣나 살폈다. 아무래도 내가 한국말을 너무 잘 아는 게 문제라는 생각이 들었다. 영어를 영어로 바로 듣는 것, 그게 답이었다.

그렇게 2주일이 지나자 둘째가 말했다.

"엄마, 나 이제 혼자 할 수 있어요. 이제 안 와도 돼요."

"괜찮아? 혼자 가도? 알아듣겠어? 무슨 말인지 알아?"

나는 묻고 또 물었다. 나는 아무것도 들리지 않아 멍하게 시간을 보내는 사이 아이는 하얀 도화지에 캐나다를 그려 넣고 있었다.

"어 엄마, 난 좀 들리기 시작했어요, 그리고 선생님이 친절하게 가르쳐 주셔서 알 수 있어요."

나는 그날 둘째한테서 기다리는 시간을 배웠다.

"그냥 혼자 해 봐. 못한다고 울지 말고 혼자 해 봐. 너 바보야? 아니잖아! 징징거리지 말고!"

"다른 애들은 다 하는데 넌 왜 못해!"

이렇게 잔소리하지 않고 그냥 기다려 주었더니 시간이 지나자 친구들과 어울리게 되었고 곧 적응을 했다. 그리고 어느 날인가부터 한국에서 온 아이들을 도와주기 시작했다. 안 들려서 멍 때리고 있는 친구들을 챙겨 주기 시작했다. 그래서 물어보았다. 왜 그 아이들을 도와주느냐고.

"내가 한국에서 와서 아무것도 할 수 없었을 때 누군가가 나를 도와줬어요. 그게 큰 힘이 되었어요. 그래서 나도 누군가 힘들 때 도와줘야겠다고 생각했어요."

둘째가 스스로 깨닫고, 깨달은 만큼 행동할 수 있어서 너무나 감사했다.

우리는 아이들에게 빨리 빨리를 강요한다. 남들은 다

하는데 너는 왜 안 되느냐고, 여기까지 왔는데 영어라도 완벽하게 배워야 한다고 강압적으로 몰아붙인다. 그러나 아이들은 놀면서 배우고 적응한다. 조금만 기다려 주면 어른보다 훨씬 더 빨리 적응한다.

기도의
응답은
내가
변하는 것

　동네가 제법 눈에 익을 즈음 캐나다 생활도 안정을 찾게 되었다. 그즈음 너무나 예쁜 교회가 눈에 들어왔다. 숲이 우거진 곳에 고즈넉이 자리한 그림 같은 교회였다. 그런데 가서 보니 몰몬교회였다.

　'아니, 이렇게 아름다운 곳에 하필 이런 교회가 있다니.'

　나는 너무 안타까운 마음에 한참을 서성거리다 기도했다.

　"하나님, 이 좋은 땅에 이게 웬일입니까? 저 여기서 땅 밟기를 하겠습니다. 그리고 이곳이 우리 교회가 되길 기도하겠습니다."

　그날부터 매일 밤 10시에 그 교회까지 차를 몰고 가서 차 안에서 기도했다. 그 땅에 하나님의 교회가 세워졌으면 좋겠다고.

"여리고 성도 무너뜨리신 아버지, 제가 열심히 기도할 테니 어느 날 갑자기 와르르 무너지게 해주세요."

나는 이렇게 아는 성경구절을 갖다 붙여서 말도 안 되게 기도하는 은사(?)가 있다. 하루, 이틀, 사흘…. 그러던 어느 날 아는 집사님이 매일 밤 어디를 가냐고 물어서 이실직고했더니 뜻밖에 집사님이 함께 동참하겠다고 나섰다. 아니 이게 웬 감사한 일인가. 바보 한 명을 더 건졌다. 그래서 힘을 얻어 같이 기도했다. 그러다 목사님도 권사님도 그 소식을 듣고 함께 기도하러 와 주셨다. 잠깐이지만 사람들이 함께 동참해 주니 힘이 났다. 이렇게 사람들이 모이는 데는 이유가 있을 거라고 믿었다. 어쩌면 하나님이 이 아름다운 땅에 이단이 아니라 하나님의 교회를 세워 주실지도 모른다는 생각에 흥분과 기대로 마음이 설레었다.

"주님 이 땅을 고쳐 주소서. 이 교회를 주님의 교회로 세워 주소서."

나는 밤 10시면 그곳으로 달려가 눈물로 기도했다. 그런데 과연 여리고 성처럼 그곳이 와르르 무너졌을까? 천만에. 아무 일도 일어나지 않았다. 돌멩이 하나도 안 움직였다.

하지만 내가 무너졌다!

　나처럼 대책 없고 미련하며 막무가내인 사람이 필요해서 하나님이 나를 캐나다까지 보내셨다는 것을 나는 거기서 알았다. 단순히 시작한 기도였으나 잃어버린 양을 향한 하나님의 마음을 이해하고 그들을 위해 눈물 흘린 곳이 바로 거기였다. 무슨 일이건 시키는 대로 하겠다고 하나님께 울며 서원한 곳도 바로 거기였다. 거기서 변한 것은 바로 나였다. 거기서 내 안의 여리고 성이 무너졌다. 내가 고집스럽게 붙잡고 있던 것들이 부서지고 무너졌다.

캐나다에
온누리교회가
생긴 일

밴쿠버에서 예배를 드릴 때면 한국이 그리웠다. 남의 나라에서 남의 교회를 빌려 쓰려니 마음껏 예배드릴 수 있는 우리만의 교회가 있는 한국이 참 그리웠다. 왠지 산해진미를 먹다가 하루아침에 아무 거라도 먹어 배를 채워야 하는 그런 처지가 된 기분이었다. 예배를 드려도 채워지지 않는 목마름이 있었고 그럴수록 영적으로 지쳐 갔다.

나는 겁 없이 서울에 계신 목사님께 전화를 드렸다.

"목사님, 여기에 교회 하나 세워 주시면 안 돼요?"

"기도해."

목사님의 대답은 그게 다였다. 나는 힘없이 전화기를 내려놓으며 그래, 기도하자 했다.

그러던 어느 날, 하용조 목사님이 3일간 집회를 위해 미국 어바인(irvine)에 오신다는 소식을 들었다. 나는 갈급한 마음에 어바인으로 향했다.

하 목사님의 설교 말씀을 듣고 어찌나 감사하던지 '아 살 거 같아! 역시 이 기분이야' 하며 행복에 잠겨 있는데, 하 목사님이 멀리서 왔으니 밥을 사 주시겠다고 했다. 아우 뭘 감사하게! 나는 이른 아침 목사님을 만났다.

"이 집사가 어떻게 여기까지 왔어?"

"네! 목사님. 말씀이 너무 고파서요."

한국에서 살 때는 몰랐는데 캐나다에 와 보니 한국에서 말씀이 넘칠 때 좀 더 들어 둘 걸 싶었다고 말했다. 그러고는 대뜸 "목사님, 밴쿠버에 온누리교회 만들어 주세요" 했다. 그러자 목사님은 "좋지. 내가 목사가 안 됐으면 목수가 됐을 거야. 그래. 그렇게 해 보지 뭐" 하셨다. 나는 하마터면 천장을 뚫고 하늘로 뛰어오를 뻔했다.

"진짜요?"

"그럼 목사가 거짓말하면 되나? 해 보자고 가서 기다려요."

나는 밴쿠버로 돌아가면서도 믿기지 않았다. 목사님이 거짓말하거나 실없이 아무 말이나 할 분은 아니지만 설마 그렇게 바쁘신데 내 말을 기억할까 싶었다. 그런데 두 달 뒤 밴쿠버에 사는 온누리교회 몇 분이 교회 세우는 문제로 모이기로 했으니 나더러 오라고 했다. 나는 순간 내 귀를 의심했다.

'어? 진짜? 여기에 온누리교회가 생기는 거야? 진짜 진짜?'

나는 그날 모임을 갖는다는 권사님 댁으로 갔다. 두근거리는 마음으로 도착하니 권사님이 반갑게 맞아 주셨다.

"하 목사님이 이 집사한테 연락하라 하셨어요. 여기 온누리교회가 생기게 해달라고 했다면서요? 우리도 기도하고 있었는데 잘했어요!"

대책 없는 나의 용기에 권사님은 칭찬을 아끼지 않으셨다. 너무 기뻐서 저절로 기도가 나왔다.

'하나님 땡큐! 열심히 하겠습니다. 뭐든 시키세요. 하나님!'

그런데 옆에 있던 어떤 집사님이 내 끓어오르는 열정에 찬물을 확 끼얹었다.

"이성미 씨, 온누리교회 출신이세요?"

"아니요."

"그런데 어떻게 창립 멤버에 들어왔어요? 여긴 온누리교회 교인들만 오는 건데!"

순간 화가 났다. 작은 교회 출신이라고 기죽이는 건가 싶었다.

"죄송한데요, 여기서도 출신을 따지나요? 교회 세우는 일에 출신이 왜 필요하죠?"

대꾸하는데 더 화가 났다.

'뭐야? 온누리교회가 하나님 거지, 자기들 거야?'

"그럼 전 다른 교회에서 왔으니 관둘게요."

그러자 옆에 있던 권사님이 나서서 나를 다독였다.

"그게 무슨 말도 안 되는 소리야. 집사님, 그건 아니지. 내가 대신 사과할게."

나는 더 이상 목소리를 높이면 안 되겠다 싶어 입을 다물고 조용히 지켜보기로 했다. 그 뒤로도 몇 번 더 모일 때마다 마음이 불편했지만, 하나님의 일을 사람 때문에 그르칠 수 없다는 생각이 들었다.

"아버지, 어딜 가나 출신 따지고 뭐 따지는 사람들이 있어요. 그런데요, 전 아버지 때문에 여기 있는 거예요. 보이시죠?"

이런 저런 시끄러운 일들을 겪으며 마침내 14가정이 모여 학원에서 첫 예배를 드리게 되었다. 첫 예배를 드리던 날 우리는 펑펑 울었다. 주님의 교회는 하나님이 세우신다는 것을 우리 눈으로 확인하는 자리였다.

처음엔 교회도 많은데 또 이민 교회를 세운다고 반대하는 목소리도 높았다. 심지어 어느 목사님은 "이성미가 한 짓이라며? 내 눈에 띄기만 해봐!" 하며 별렀다. 나는 실제로 혹여 그 목사님한테 걸릴까 봐 조심해서 다녔다. 그래도 너무 좋았다. 너무 기뻤다. 그리고 감사했다. 어쨌거나 교회가 생겼다는 사실에 그저 신이 났다.

그 뒤 소문이 이상하게 퍼져 갔다.

"온누리교회는 이성미가 주주래! 이성미가 그 교회를 세웠대."

'아니 교회가 세워질 땐 안에서 시끄럽더니 교회가 세워지니까 이건 또 뭔 소리인가?!'

나는 또 화가 나 하나님께 일러바쳤다.

"하나님, 이게 말이 돼요? 교회는 하나님이 세우시는 거고 아버지 거잖아요. 억울해요. 왜 이런 소문이 나는지 모르겠어요."

그때 하나님이 주신 대답은 나에게 너무나 큰 위로와 힘이 되었다.

"내 딸! 네가 나이트클럽을 세운 것도 아니고 술집을 세운 것도 아니고 교회를 세웠다는데 기쁘지 않니? 기뻐 춤출 일 아니니? 그게 그렇게 기분 나쁜 말이니?"

나는 순간 무릎을 쳤다. 맞다. 감사할 일이다.

"하나님, 아멘 아멘 아멘이에요. 이런 소문은 앞으로 기쁘게, 감사하게 받을 게요."

그렇게 밴쿠버 온누리교회는 세워졌다. 얼마 뒤 내게 시비를 걸던 집사님이 다른 개척 교회를 섬기러 떠나면서 이런 말을 했다.

"이 집사, 그땐 내가 몰랐어요. 주님이 하시는 일을 이제 알았어요. 난 이름 없는 교회를 섬기러 떠나기로 했어요. 주님이 그 일을 시키시네요."

나는 그때 알았다. 우리가 조금만 기다리면 주님이 우리의 마음을 바꾸신다는 걸. 난 그 뒤로 결심했다. 하나님이 기뻐하시는 일이라면 사람의 말에 귀 기울이지 않기로.

그후 밴쿠버 온누리교회는 점점 숫자가 불어나기 시작했다. 14가정으로 시작한 교회는 몇 달 뒤 자리가 없을 정도였다. 우리는 교회로 사용할 만한 장소를 물색했고, 드디어 200명 정도 들어가는 서리(Surrey)에 있는 허름한 1층 상가를 얻게 되었다. 우리는 하나가 되어 이것저것 고친 뒤, 그곳에서 예배도 드리고, 점심도 먹고, 명절이면 모여 서로가 가져 온 음식을 나누며 가족처럼 지냈다. 이민 교회가 뭔지, 개척 교회가 얼마나 가족 같은지 끈끈한 마음으로 서로 위로하며 지냈다.

그러나 우리는 2년도 안 되어 또다시 교회를 옮겨야 했다. 사람이 많아지니 동네 주민들이 시끄럽다고 항의하기 시작한 것이다.

믿는다면
행함과
진실함으로

우리는 또다시 서리에서 더 큰 곳으로 옮겨야 할 정도로 교인이 늘어났다. 그렇지만 교회를 빌리는 일은 만만치 않았다. 캐나다 교회를 빌려 써야 했다. 그렇다 보니 내 집 없는 설움이 많았다. 예배 시간도 우리 마음대로 정할 수 없어서 그들이 쓰고 남는 시간에 얻어 써야 했다. 찬양 소리가 커서 시끄럽다고 항의가 들어오기도 하고 찬양하며 뛰었다고 경고도 받았다. 새벽예배 때 크게 기도해서 시끄럽다고 불평을 들었다. 교회 건물 주인은 한국 사람한테 교회를 빌려 줬더니 기도 소리도 엄청 크고 새벽에도 나오고 수요일, 금요일에도 나온다며 시끄럽고 별나다고 타박을 쳤다. 서러웠지만 어쩔 수 없었다.

나는 남의 나라에서 남의 교회를 빌려 쓰려면 깨끗이 치워야겠다 싶어 교회 청소를 하기로 했다. 남의 물건을 함부로 썼다가 우리나라 이미지까지 나빠질까 봐 신경이 쓰였다. 실제로 예배가 끝난 뒤 돌아보면 놓고 간 물건이며, 껌이며, 휴지 등이 흉물스럽게 나뒹굴었다. 사람들은 은혜만 받고 쓰레기는 버리고 갔다. 캐나다 사람들은 주일예배 때 바닥이며 의자가 더러워진다고 뭐라 했다. 나는 자존심이 상했다.

나는 아이들에게 협조를 구했다. 매주 토요일 새벽예배를 마치고 집에 와서 아침을 먹은 뒤 다시 교회에 가서 정리정돈을 하자고 했다. 연필도 깎아 놓고, 성경책도 깨끗이 꽂아 놓아서, 요란만 떨고 기도만 크게 하는 소리 나는 종교인이 아니라 작은 것부터 실천하는 그리스도인이 되고 싶었다. 내가 새벽기도를 마치고 집에 와 아침을 먹고 교회 청소를 하러 간다고 하니 집사님 두 분이 아이들과 함께 동참하겠다고 했다.

우리는 그렇게 해서 매주 토요일이면 교회에 가서 연필을 깎고 널브러진 휴지 조각을 줍고 뱉어 놓은 껌을 떼고 아무렇게나 꽂아 놓은 성경책을 정리하고 헌금봉투를 줄 맞춰서 놓았다. 다섯 살과 아홉 살 아이들이 요리조리 다니면서 연필을 모아 오면 어른들이 그걸 깎았다. 그러면 아이들이 깡충깡충 뛰어다니며 조심스럽게 하나하나 다시 갖다 꽂았다. 그렇게 작은 봉사라도 아이들과 함께하니 너무 기뻤고 감사했다.

그러던 어느 날 정리하다가 봉투 하나를 발견했다. 봉투에는 글귀가 씌어 있었는데 참 마음 아픈 내용이었다.

"기도하겠다고 자고 있는 나를 끌고 온 우리 아빠 ×나 싫어. 완전 밥맛이야. 저나 잘 살지 저도 엉망이면서 새벽기도는 왜 한대? 재수 없어. 기도하는데 왜 그러고 사냐고?"

아빠 손에 이끌려 억지로 새벽예배에 나온 어떤 청소년이 쓴 글이었다. 연필로 아무렇게나 써 놓은 그 글을 보면서 한편으론 마음이 아프면서 동시에 우리 아이들이 생각났다. 혹시 내 아이들에게 비친 내 모습도 이러지 않을까 두려웠다. 나는 순간 누군지도 모르는 아이와 아버지를 위해 그 자리에서 기도했다.

"기도를 들으시는 하나님, 이 아이의 마음을 만져 주세요. 그리고 이 아버지를 주님이 만져 주셔서 삶으로 살아내는 아버지가 되게 해주세요. 이 가정이 변화되게 해주세요."

천 당
아래
999당

캐나다에 가면 꼭 로키 산맥에 가 보라고 권한다. 특히 여름과 겨울엔 꼭 가 보길 바란다. 나는 먼저 겨울 로키를 만났다. 둘째와 함께 갔다. 코끝을 쓸어내리는 차가운 냉기가 정신이 번쩍 들게 만드는 로키를 보는 순간, 정말이지 엄청나다는 감탄이 나왔다.

말로만 듣던 로키에 내가 서 있다니, 자연의 아름다움에 정신줄을 놓을 뻔했다. 가도 가도 끝이 없는 산맥, 끝자락에서 또 시작되는 나무들, 우거진 나무들의 웅장함, 자연의 위대함에 입을 다물 수가 없었다. 하늘로 하늘로 향해 뻗은 나무들의 위용이란!

더구나 그 어느 것에도 견줄 수 없는 푸른 물의 색깔!

누가 이런 색을 만들어 낼 수 있단 말인가! 자연이 만들어 낸 아름다움에 그저 감탄을 쏟아 낼 뿐이었다.

그런 중에도 사람들을 보면 어느 나라 사람인지 대충 짐작이 갔다. 깃발 아래 '헤쳐 모여'는 일본 사람들이다. 우르르 몰려가서 똑같은 장소에서 사진 찍는 무리는 한국 사람들이다. 어딜 가나 왁자지껄한 무리는 중국 사람들이다. 그런데 참 희한한 건 어느 나라든 20대들은 똑같이 이 아름다운 자연을 보고도 감탄하지 않는다는 사실이었다.

청년들은 버스를 타고 가다가 어느 곳에 내리면 하나같이 이렇게 말한다.

"와, 산이다! 야, 사진 찍어. 사진!"

그러다가 호수에 내리면, "와, 호수다! 사진 찍어 사진!" 한다. 그리고 또 몇 시간을 달려서 어느 곳에 이르면 버스에서 자다가 부스스 일어나 "야, 또 산이다!" "아까 거기 아니야? 거기랑 뭐가 다른 거야?" 한다. 그러다가 또 호수에 도착하면 "뭔 놈의 호수가 이렇게 많냐? 그게 그거 아냐?", "여긴 왜 핸드폰이 안 터지는 거야? 답답해서 돌겠다" 한다.

20대 아이들은 밤엔 모여서 술 마시며 수다 떨기 바쁘다가 아침이면 부스스 일어나 정신없이 버스에 올랐다. 눈이 휘둥그레지는 자연에는 별로 관심이 없었다. 청년의 때 자체가 황홀하게 아름다운 시절이라 자연의 경이로움을 느끼지 못하는 모양이었다. 하기야 나도 나이 들면서 비로소 자연이 눈에 들어오고 저절로 감탄이 쏟아졌다.

며칠 로키를 돌아보고 집으로 돌아오는 길이었다. 어느 산비탈에서 우연히 내려다보다가 어마어마하게 펼쳐진 장관을 보고 나는 납작 엎드릴 수밖에 없었다.

'벌레만도 못한 내가 이렇게 위대한 자연 앞에서 까불었구나. 내가 정말 교만했구나. 하늘에서 보면 정말 나는 아무것도 아닌 것을!'

정말이지 나는 이 위대한 자연에 비하면 아무것도 아니었다. 한낱 먼지에 불과했다. 주님이 창조하신 자연 앞에서 '주님의 높고 위대하심을 내 영혼이 찬양하네'라는 찬양이 저절로 나왔다. 아마도 동행한 젊은 친구들도 내 나이가 되어 다시 오면 자연의 위대함 앞에서 자신을 돌아보게 될 것이다.

사람들은 내가 캐나다에서 산다고 하니까 그렇게 아름다운 곳에 사니 천당이 따로 없을 거라고 부러워했다. 사람들은 캐나다를 999당이라고 부른다. 정말이지 그 말이 틀리지 않을 만큼 캐나다의 자연은 빼어나다. 더구나 캐나다 사람들은 불편을 감수하더라도 자연을 훼손하지 않는다. 아니 자연을 먼저 생각한다.

나도 우쭐해져서 '난 999당에서 사는구나. 최고의 나라에서 사는구나' 싶어 하나님께 여쭤 보았다.

"하나님 밴쿠버가 천당 밑의 999당이래요."

순간 하나님이 이런 마음을 주셨다.

'999당도 지옥이다. 천당만 천당이다.'

깨갱! 맞다. 내가 하나님 안에 있을 때만 천당인 것을!

"여호와여 주께서 하신 일이 어찌 그리 많은지요 주께서 지혜로 그들을 다 지으셨으니 주께서 지으신 것들이 땅에 가득하니이다"(시 104:24).

창조
질서를
따라

아이들은 캐나다에서 자연과 더불어 정말 즐겁게 생활했다. 뛰어놀다 지쳐 잠이 들고, 잠이 깨면 또 놀고…. 모든 것이 문제없어 보이던 어느 날, 둘째 딸이 오더니 이상한 이야기를 했다.

"엄마, 우리 학교에 남자아이가 있는데, 그 아이가 자기 집 소개를 하는데 자기 집엔 Mom 하고 Mommy가 있대요."

"어? 그게 무슨 소리야?"

무슨 소리인가 싶어서 자세히 물어보니 동성애자 집에서 남자아이를 입양해서 키우는 가정이었다. 나는 딸에게 조심스럽게 얘기했다.

"하나님은 이 땅에 남자와 여자를 주셨어. 그것이 하나님의 창조 질서야. 그것을 파괴해선 안 되는 거야. 그런데 슬프게도 하나님이 우리에게 믿고 맡기신 것들을 우리가 파괴하고 있단다. 그건 절대 안 되는 일이야. 우리, 그 아이를 위해 기도하자. 그리고 그런 사람들을 위해 기도하자. 하나님이 마음 아파하실 테니까 하나님의 마음으로 기도하자."

캐나다에는 동성애자인 목사님도 있고 교회에서 동성애자끼리 결혼도 하고 퍼레이드도 한다. 그래서 이 문제를 짚고 넘어가야겠다 싶어 동성애에 대한 하나님의 뜻을 설명해 주었다.

사실 내가 어렸을 때는 어른들한테 성에 대해 물어보는 건 금기사항이었다.

"어린 게 발랑 까져서 어디서 그런 못된 얘기를 들었어?"

"쯧쯧, 저거 저거 커서 뭐가 되려고…. 벌써부터!"

당시 어른들은 버럭 화부터 내서 감히 입도 뻥긋 못했다. 하지만 지금은 다르다. 인터넷을 켜기만 해도 이래도 되나 싶은 영상들이 덤벼든다. 민망해서 볼 수가 없다. 그걸 어떻게 막겠는가. 무조건 화만 내서 될 일이 아니라 오히려 어른들이 나서서 올바른 성을 가르쳐야 한다는 생각이 들었다. 하지만 막상 아이와 함께 성에 대해 얘기하려니 왠지 쑥스럽고 부끄러웠다. 언젠가 성에 대해 가르쳐야 할 때가 되면 당황하지 말고 지혜롭게 설명해야지 했지만 누구에게도 배우지 못한 나는 그런 자리가 부끄럽고 불편했다.

그러던 어느 날 아이들과 미국 디즈니랜드로 여행을 갔다. 모처럼 하는 여행이어서 아이들도 나도 몹시 들떴다. 우리는 디즈니랜드에서 본전을 뽑을 작정으로 쉬지 않고 돌아다녔다. 그러던 중 유난히 눈에 띄는 커플이 있었다. 빨간색 티셔츠를 입은 남자 둘이 허리를 감싼 채 다정하게 걷고 있었다. 자세히 보니 가슴에 'I'm gay'라는 글이 새겨 있었다. 물어보니 결혼한 부부란다. 나는 안타까운 마음에 스쳐 가는 그들을 위해 기도했다.

"하나님, 저들을 위해 기도합니다. 저들을 사랑하시는 하나님의 안타까운 마음을 알 것 같습니다. 저의 눈을 통해 보신 아버지, 전 어떻게 기도해야 할지 모르겠습니다. 그래서 그냥 기도합니다."

이후로도 그들 생각이 떠나지 않았다.

'무엇이 잘못되었을까? 어떻게 해야 할까?'

그러다 문득 '성'에 대한 교육을 제대로 해야겠다 싶었다. 얼마간 기도한 후, 나는 성교육만 할 게 아니라 순결서약을 같이 해야겠다고 생각했다.

나는 성은 하나님이 주신 것이니 천지창조부터 아담과 이브의 창조까지 다뤄야겠다 싶어 우선 '아담과 이브의 성'이라는 제목으로 포스터를 만들었다. 그리고 각 교회에 안내장을 돌리고 첫째 날엔 창조과학회 교수님을 모셔와 천지 창조부터 아담과 이브까지 창조론을 들었다. 둘째 날은 박수웅 장로님으로부터 아담과 이브의 성에 대해 들었다. 강의 후엔 아담의 방과 이브의 방에서 남자아이들과 여자아이들을 따로 모아 놓고 성교육을 한 뒤 질의응답 시간을 가졌다. 그런 다음 다시 한 방에 모여 우리가 왜 성을 알아야 하고 배워야 하는지를 설명하고 기도한 후 순결을 지키겠다는 결단의 시간을 가졌다.

아이들은 굉장히 진지했다. 장로님이 듣기에 낯 뜨겁고 부끄러운 얘기를 하는데도 흐트러짐이 없었다. 그리고 난 뒤 목사님이 왜 성에 대해서 배웠는지, 왜 순결해야 하는지를 설교해 주셨고, 기도하는 시간을 가졌다. 그리고 결단하겠다는 아이들만 자발적으로 서약서에 사인하라고 했다. 우리는 순결서약과 회복식을 동시에 했다. 이미 순결을 잃은 아이들도 이 시간에 회복되어 죄책감을 갖지 않도록 조심스럽게 진행했다. 몇 명의 아이들만 빼고 나머지는 순결 서약서에 사인을 했다. 미리 대기하고 있던 부모님이 은반지와 사인한 서약서를 가져와서 아이들에게 반지를 끼워 주고 흰 장미를 선물해 주었다. 그런 다음 서울에서부터 기꺼이 와 준 송은이, 박미선과 함께 기념 파티를 가졌다.

아이들이 파티를 하는 동안 옆방에선 부모님 성교육을 했다. 아이들이 순결서약을 하고 나서 어떻게 해야 하는지, 아이들이 물어보면 어떻게 대답해야 하는지를 가르쳤다.

모든 순서를 마치자 이미 밤늦은 시간이었다. 그러자 감사의 눈물이 쏟아졌다. 우리 시대에 성에 대한 무지로 눈물 흘렸던 시간들을 생각하며, 지금 세대에 너무 많이 알아 혼란스러운 아이들에게 조금이나마 도움을 주었다는 생각에, 이 모든 것을 깨닫게 하시고 진행해 주신 하나님께 너무 감사했다.

"모든 사람은 결혼을 귀히 여기고 침소를 더럽히지 않게 하라 음행하는 자들과 간음하는 자들을 하나님이 심판하시리라"(히 13:4).

잊지 못할
크리스마스
예배

내 생일은 크리스마스다. 남들은 좋겠다고 하지만 사실은 늘 엉망이었다. 한국에 있는 동안은 밤늦도록 술을 마셔서 만취가 된 동생들에게 둘러싸여 밤 12시를 알리는 알람 소리와 함께 "야, 언니 생일이다. 케이크 꺼내고 촛불 켜" 하면서 시끌벅적하게 생일을 맞았다. 얼떨결에 촛불을 끄고 대충 노래를 부르면 그것으로 끝이었다. 25일 아침에 전화해서 저녁 먹자고 하면 어젯밤 과음해서 다들 나올 수 없는 형편이었다.

그렇게 생일을 보내다가 캐나다에서 색다른 생일을 맞을 것을 생각하니 기대감으로 설레었다. 영화에서 본 것처럼 분위기 있는 레스토랑에서 아이들과 고깔모자를 쓰고 생일 축하 노래를 부르고 촛불을 끄는 상상을 했다. 밴쿠버에서 맞는 나의 첫 생일 파티이자 크리스마스 파티에 모두 들떴다.

"오늘 엄마가 쏠게. 가서 맘껏 먹어. 멋진 곳으로 가자."

아이들도 들뜬 마음으로 차에 올랐고 우리는 멋진 레스토랑을 찾아갔다. 그런데 가는 곳마다 불이 꺼져 있었다. 여기저기 돌아다녀도 레스토랑마다 깜깜하게 불이 꺼져 있고 문이 잠겨 있었다. 이게 무슨 일이지? 잘 알고 지내는 박 집사에게 전화를 했다.

"레스토랑이 문을 안 열었네? 이게 무슨 일이지? 가는 곳마다 문을 닫았어."

그러자 박 집사가 한참을 웃는다.

"여긴 크리스마스에 문 여는 데 없어요. 그냥 우리 집에 와서 밥 먹어요."

확인을 하고 또 했는데도 이해가 안 됐다. 크리스마스가 대목인데 논다고? 그래도 혹시 여는 데가 있나 해서 몇 군데 더 다니다가 졸지에 캐나다에서 맞는 첫 번째 생일을 엄한 집에서 보내게 되었다.

"아니, 뭐 이런 나라가 다 있느냐?"고 했더니 여긴 그렇단다. 너무나 배가 고팠던 우리 식구는 정신없이 밥을 먹고 케이크를 잘랐다. 그날 나는 어안이 벙벙해질 정도로 조용한 크리스마스를 보냈다.

캐나다 사람들은 크리스마스를 조용히 가족과 함께 보낸단다. 그런데 놀랍게도 백화점은 산타로 도배된다. 12월 초부터 산타가 등장하더니 거리마다 산타 천지다. 그리고 집집마다 서로 경쟁이라도 하듯 크리스마스트리를 번쩍번쩍 꾸민다. 누가누가 더 화려하게 장식을 하느냐에만 관심이 있다. 예수님 탄생의 기쁨이 아니라 산타 잔치 같다. 도대체 예수님의 탄생을 기뻐하는 모습은 눈 씻고 찾아봐도 없다. 캐나다 사람들에게 크리스마스는 서로 선물을 주고받고 트리를 장식하고 칠면조를 먹고 가족끼리 여행 가는 날이 되어 버렸다.

예수님의 생일이 산타에게 밀린 걸 보고 있자니 화가 치밀었다.

'이게 뭐야? 도대체 오늘이 누구의 날인데 이 모양이야?'

"예수님 이게 말이 돼요? 오늘은 산타의 날이 아니라 예수님 생일이잖아요. 기가 막히지 않나요? 제가 이렇게 화가 나는데 예수님은 오죽하시겠어요?"

분해서 잠도 오지 않았다. 한참 분한 마음을 삭이지 못하다가 문득 나라도 예수님 생일 잔치를 해드려야겠다고 생각했다.

"예수님, 제가 생일 잔치 해드릴게요. 제일 좋아하시는 게 뭔가요? 뭐든 해드릴게요."

이런저런 이벤트와 예수님이 좋아하실 만한 선물을 궁리하는데, 갑자기 좋은 생각이 났다.

'예수님은 사람이 아니니까 선물은 필요없으실 테고, 우리가 예배하는 걸 원하신다고 했으니…, 그래! 예배 드리자. 그거 이상으로 주님이 기뻐하실 선물이 어딨겠어?'

이렇게 마음을 정한 후 예배의 제목을 어떻게 지을지 기도했다. 며칠을 기도하는데 순간 '산타는 죽었고 예수는 살았다'라는 제목이 생각났다.

'그래, 이걸로 가자!'

이왕이면 혼자 드릴 게 아니라 사람들을 모아야겠다 싶었다. 크리스마스 때면 기운이 뻗쳐 잠은 안 오는데 갈 곳

없어 방황하며 올나이트(all night)하는 청소년들을 모으기로 했다. 청소년들과 밤새 예배를! 그거다. 갑자기 마구 흥분되었다.

'그럼 예배를 어떻게 진행할까?'

다시 예배를 위해 기도하는데 전혀 뜻밖의 생각이 떠올랐다. 그것은 하나님 아버지의 마음이었다. 나는 우리를 사랑하셔서 그의 아들 독생자를 죽이기 위해 이 땅에 보내 주신 아버지의 마음이 느껴져서 왈칵 울음을 쏟아 냈다.

'얼마나 나를 사랑하시면 독생자를 죽이시기까지….'

우리를 사랑하시는 아버지의 마음이 이런 거구나. 아버지의 마음은 사랑이구나. 이제 주제가 정해졌다. '하나님의 사랑'이다.

"우리가 아직 죄인 되었을 때에 그리스도께서 우리를 위하여 죽으심으로 하나님께서 우리에 대한 자기의 사랑을 확증하셨느니라"(롬 5:8).

나는 계속 기도하며 예배의 줄거리를 짰다.

24일 밤 10시에 모여 하나님 아버지의 마음을 그린 영화를 보고 12시 땡땡땡 하면 맘껏 찬양하고 말씀을 듣자. 무슨 말씀을 들을까? 네 이웃을 내 몸처럼 사랑하고 땅끝까지 증인이 되라는 사명을 주셨으니 그건 선교다. 그럼 '선교'에 대한 말씀을 듣자. 그리고 받은 사랑을 나누는 시간을 갖자. 그럼 고아와 과부를 기억하고 섬기라 하셨으니 여기서 가장 힘들고 어려운 사람은 누굴까? 홈리스들 그리고 선교사님들께 카드를 쓰자. 선물도 있으면 좋겠는데 뭘로 할까? 아, 옛날 어릴 때 국군장병 아저씨께 보내던 위문품처럼 큰 건 아니더라도 집에서 안 쓰는 물건을 잘 포장해서 선교사님께 생필품을 보내 드리자. 그런 다음 새벽송을 돌자. 새벽송은 네 집을 돌고 한 집마다 50불씩 받아서 200불을 아웃리치 시드머니(Seed Money)로 삼자. 그럼 지금부터 기도하면서 미리미리 준비하자.

나는 이날의 예배를 위해 1년 동안 기도하고 준비했다. 이런 아이디어는 내가 짤 수 있는 게 아니었다. 하나님이 주신 생각이었다. 그래서 더 감사했다.

나는 우선 밴쿠버 그레이스 교회의 박신일 목사님을 찾아뵙고 나의 취지를 말씀드렸다. 장소를 빌리는 비용은 얼마 못 드리지만 꼭 하게 해달라고 부탁하자 목사님은 흔쾌히 승낙해 주셨다. 나는 너무 기뻤고 신이 났다.

"하나님, 예수님 생일 파티 장소도 구했어요."

포스터를 만들어 붙이고, 토론토에 있는 선교사님을 섭외하고, 힙합하는 PK친구들과 찬양팀, 특송할 집사님을 섭외했다. 서울에 있는 박미선한테 전화해서 산타와 루돌프가 없는 카드로 200장만 보내 달라고 부탁했다.

드디어 기다리던 크리스마스가 되었다.

그런데 이게 웬일인가! 12월 23일부터 밴쿠버에 눈이 내리기 시작하더니 몇 십 년 만에 내리는 폭설이란다. 바깥을 내다보니 하늘에선 내 얼굴만한 눈들이 펑펑 내 마음을 때리며 내렸다. 1년을 준비했는데…. 밤에 자다 깨어 밖을 내다보고 또 내다보았다. 눈이 크게 내리다 적게 내리다 쉬지 않고 내리더니 밤새 80cm가 쌓였다. 내 평생에 그렇게 눈이 많이 내리는 건 처음 봤다. 아침에 쌓인 눈을 본 순간 입이 다물어지지 않았다.

"아니 하나님, 어떻게 해야 하죠? 이게 웬일이에요? 하필 왜 오늘 이렇게 내리는 거예요?"

이게 뭔가 싶었다. 교회에서 아침 일찍 전화가 왔다. 행사를 취소할 건지 말 건지 결정해 달라는 내용이었다. 난 그냥 엎드려 울기만 했다.

"내 생일잔치를 하겠다는 것도 아닌데 엉엉, 나 좋자고 하는 것도 아닌데 꺼이꺼이, 하나님, 어떻게 날씨가 이래요! 엉엉. 어떻게 이러실 수가 있어요."

울다가 기도하다 기도하다 울다가 정신을 차릴 수가 없었다. 그렇게 혼자 정신을 못 차리는데 함께 새벽기도 다니는 고 집사한테서 전화가 왔다.

"어떻게 할 거야?"

"모르겠어. 나 혼자라면 모를까 괜히 애들 오랬다가 사고 나면 어떡해? 책임지는 게 무서운 게 아니라 아이들 다치면 어떡해!"

"그럼 우리끼리 가서 예배할래? 선교사님들은 목숨을 걸고 선교지에 가는데 우리가 이까짓 눈이 무서워서 못 가는 게 그렇잖아?"

그 순간 '그래, 우리라도 가자' 싶었다.

"그래, 가자. 까짓, 우리 둘이 예배하지 뭐."

교회에 행사를 강행하겠다고 알렸더니 난감한 듯 "교회 행사는 다 취소했는데요" 했다. 눈 치우는 차를 빌려야 하는데 그게 몇 백 불이란다. 우리가 빌린 장소 비용보다 더 많이 드는 게 아닌가 걱정되었다. 하지만 나는 "저희는 그냥 갈게요. 그대로 진행할 게요" 하고 다시 한 번 못을 박았다. 미안하지만 어쩔 수 없었다.

저녁을 먹고 출발하는데 토론토에서 오신 선교사님도 이렇게 눈이 많이 오는 건 처음 봤다면서 "몇 명이나 올까요?" 하고 물으셨다. 난 "저희들끼리만 예배할 수도 있어요" 하고 모기만한 목소리로 대답했다. 슬프지만 정말 그럴 수도 있었다. 조심스럽게 길을 나섰는데 다행히 가는 길에는 눈이 오지 않았다. 미끄러운 길을 뚫고 간신히 교회에 도착했다.

몇몇 분들에게서 전화가 왔다. 예배드리느냐고 물어서 그렇다고 대답하니 몇 번을 묻는다.

"에? 해요? 진짜요? 이 눈에? 이 길에?"

나는 그때마다 "네, 해요. 헌데 안 오셔도 돼요" 하고는 이렇게 덧붙였다.

"저희는 와 있어요."

거의 700석이나 되는 예배당은 그날따라 유난히 커 보였다. 나는 무릎을 꿇고 기도했다.

"주님, 우리의 예배를, 생일 예배를 받아 주세요."

그런데 9시 40분이 되자 사람들이 모이기 시작했다. 한 시간이 걸려서 온 사람도 있고 차가 끊겨서 산 넘고 물 건너온 학생도 있었다. 모두 80명이나 모였다. 나는 계속해서 주체할 수 없이 눈물을 흘렸다. 그렇게 울고 있는 나에게 주님은 말씀하셨다.

"난 이런 예배자를 찾는다. 나를 예배하기 위해 모든 걸 내어 맡기고 목숨 걸고 온 이 한 사람을."

하나님이 찾으신 이 한 사람 한 사람을 보며 나는 눈물을 흘렸다. 우리는 숫자는 적었지만 정말 온 마음을 다해 예배를 드렸다. 눈길을 뚫고 온 작지만 큰 사람들의 예배는 정말 뜨거웠다. 5시간 예배를 드리는 중에 웃다가 울다가 찬양하기를 반복했다. 그날 주신 주님의 따뜻한 사랑을 잊을 수가 없다. 날 안아 주시고 만져 주시며 그 예배를 받아 주신 아버지가 너무 감사했다. 그 80명의 예배자는 지금도 내 마음속에 새겨져 있다. 그날 예배는 내 평생에 드린 예배 중 가장 잊을 수 없는 예배가 되었다. 그리고 지금도 내 마음의 중심엔 "나는 한 명의 예배자를 찾는다"는 말씀이 새겨져 있다. 나는 주님께 늘 고백한다.

"주님, 제가 그 예배자가 되겠습니다."

아빠의
자리

캐나다는 정말 철저하게 노는 걸 챙겨 먹는(?) 나라다. 새 학기엔 선생님과 면담도 해야 하고, 학교생활을 익히느라 3일 동안 오전 수업만 했다. 평상시에도 3시 30분 이후면 숙제한 뒤 자기가 하고 싶은 걸 하며 놀면서 보냈다. 나역시 그렇게 아이들을 방목하면서 노는 날 놀고 쉬는 날 쉬었다. 정말 여유롭게 만들고 오리고 붙이고 뚝딱거리며 놀았다. 아침에 눈떠서 아침밥을 먹고 나면 놀이터에 나가서 흙장난하고 걷고 뛰며 놀다가 밤이면 지쳐서 잠이 들었다.

옛날에 어디선가 "흙을 밟고 자란 아이는 용기로 자라고 아스팔트를 밟고 자란 아이는 오기로 자란다"는 말을 들은 게 기억이 나 아이들을 마음껏 뛰어 놀게 해줬다. 그리고 자기 전에는 함께 예배드리며 하루를 감사함으로 마무리했다. 커뮤니티센터에서 하는 요리, 놀기 프로그램을 이용하기도 했다.

막내가 조금씩 말을 하기 시작하면서 막내와 둘째는 자기들끼리 낄낄거리며 잘 놀았다. 여름이면 워터파크에서, 바닷가에서, 공원에서 마음껏 놀았다. 나는 아이들과 추억을 쌓느라 최선을 다했고 아이들은 자연과 더불어 건강하게 자랐다.

3년쯤 지났을까. 캐나다 생활도 이제 익숙해져서 떠나온 한국을 잊어버릴 즈음 남편의 빈자리가 보이기 시작했다. 아니 남편의 자리가 사라져 버렸다는 것이 더 맞는 말일 것이다. 아이들은 이제 처음부터 아빠의 자리가 없었던 것처럼 아빠를 찾지 않았다. 나 역시 남편이 오면 오히려 손님을 맞는 것처럼 편하지가 않았다. 남편 없이 아이들과 지내는 것이 더 편했다.

남편은 1년에 한두 번 캐나다에 와서 일주일가량 지내다 갔다. 그야말로 기러기 아빠였다. 처음에는 아빠가 한국에서 온다고 하면 아이들은 공항에 마중 나가네 어쩌네 하면서 시간마다 "오늘, 아빠 와?", "오늘 우리 아빠 온다 야호”하면서 들떴다. 그러나 그러기를 두세 번 반복하더니 아빠가 온대도 별로 기대하는 눈치가 아니었다. 서울에서 사 온 물건들을 챙기는 데만 정신을 쏟았다. 고맙다는 말도 건성으로 했다. 남편이 뭘 물어봐도 시큰둥했다.

"니들 친구 이름이 뭐니? 오늘은 학교에서 뭐 했어?" 하고 남편이 물으면, "아빠는 어차피 갈 거잖아. 1년 뒤에 오면 또 바뀌어 있을 텐데 뭐 하러 물어? 같이 살지도 않으면서" 했다.

당황스러웠지만 사실이었다. 남편이 올 때마다 아이들은 새로운 학년이 되어 있었다. 막내가 학교에 입학해서 영어를 제법 하게 되자, 아예 대화에도 끼워 주지 않았다. "아

빠, 영어 못하잖아. 아빠는 영어 못 알아듣잖아!" 하며 자기
들끼리 영어로 말하며 시시덕거렸다.

남편은 먼 길을 달려 가족이 있는 캐나다까지 왔지만
이방인처럼 겉돌았다. 말이 일주일이지 하루는 도착해서
짐을 챙기느라 정신없고, 3일쯤 지나면서부터는 서울 가서
사람들에게 나눠 줄 선물을 사느라 어영부영 일주일을 흘
려보냈다. 시차가 적응이 될 때쯤이면 또 떠나야 했다. 그
처럼 아주 잠깐인데도 나는 남편과 같이 있는 시간이 너무
낯설고 어색했다. 서울행 비행기에 오르는 뒷모습을 보노
라면 마음이 짠했지만 돌아서면 이내 익숙한 우리만의 생
활로 돌아왔다.

아이들에겐 온통 엄마의 자리만 있었다. 이제 아빠의
자리를 다시 찾아 줘야 했다. 하지만 생각만 그럴 뿐 쉽게
한국으로 돌아가겠다는 결정을 하지 못했다. 천국의 삶을
놓치고 싶지 않기도 했다.

그러다가 아이들과 함께 한국에 와서 남편이 사는 아파
트에서 한 달간 지내게 되었다. 아무도 없이 썰렁한 집에
아이들이 오니 집이 복닥거리기 시작했다. 아이들은 화장
실이 하나여서 불편하네 어쩌네 하면서 얼른 캐나다로 돌

아가고 싶다고 했다.

그러던 어느 날 화장실 문 사이로 잠들어 있는 남편을 보았다. 남편은 혼자 웅크리고 자고 있었다.

'난 무엇을 위해 그곳에 가 있는가? 남편은 가족이 없는 여기서 저렇게 혼자 자고 있었겠구나.'

나는 그때부터 한국으로 돌아오는 문제에 대해 진지하게 생각했다.

"그 가증스러운
기도
집어치워라!"

　나는 결혼에 대해 기도한 적이 없다. 딱히 조건도 없어서 그저 교회만 다니면 되었다. 남편과 첫 만남에서 나는 거두절미하고 교회에 다닐 생각이 있느냐고 물었다. 남편은 먼저 주일에 전화해서 교회에 같이 가자고 했다. 누구는 안 믿는 집에 선교하러도 간다는데, 이게 웬 복인가 싶었다.

　남편은 정말 성실하게 교회에 나와 주었다. 결혼 후 마음이 바뀌어 교회에 안 다니면 안 살겠다고 으름장을 놨는데 지금까지 특별한 일이 있을 때 말고는 교회를 빠진 적이 없다. 내가 밴쿠버에 가 있던 7년 동안에도 남편은 혼자 교회를 다녔다. 그런데 내가 기도한 대로 정말 교회만 다녔다.

　부부로 살면서 갈등하지 않는 부부는 없겠지만 나는 자

격지심 때문에 남편이 조금만 내 자존심을 건드려도 파르르 떨었다. 지금은 기억도 안 나는 일에 짜증내고 화를 내도 남편은 참 무던히 참아 주었다. 그런데 나는 그냥 참아 주는 것도 싫었다. 서로 마음이 어려울 즈음, 나는 밴쿠버로 떠났다. 그렇게 떠났으니 당연히 좋은 말이 오갈 리 없었다. 수화기 넘어로 냉랭함만 확인할 뿐이었고, 나는 이혼을 생각했다.

'이렇게 떨어뜨려 놓으신 건 이혼하기 편하라고 그런건지도 몰라. 그렇다면 여기 사는 동안 정리하는 게 낫겠지? 한국도 아니니까 시끄러워도 덜 시달릴 거고!'

나는 하나님이 주신 기회라고 생각했다. 그래도 하나님께 허락은 받아야겠기에 승낙이 떨어질 때까지 기도하기로 했다. 매일 시간을 정해 기도했다.

"하나님, 이 사람 저랑 살기 너무 힘들 거예요. 저보다 더 좋은 사람 만나서 행복하게 살게 해주세요. 저는 괜찮아요. 제가 이 사람의 행복을 막고 있잖아요. 하나님, 이 사람 너무 안쓰럽고 불쌍해요."

나는 그렇게 한 달을 토씨 하나 안 틀리고 똑같은 기도를 반복했다. 나 같은 여자 만난 남편이 불쌍하다고, 안됐다고 기도했다. 그러나 하나님은 꽤 오랜 시간이 흐르는데도 답이 없으셨다. 내가 응답을 받아야 이혼하겠다는데 도대체 왜 이러시나 싶었다. 하나님은 무조건 내 편이니까 오케이하실 거라 믿었다.

그러던 어느 날, "하나님, 이 사람" 하는데 갑자기 벼락 같은 소리가 들렸다.

"그 가증스러운 기도 집어치워라!"

나는 너무 깜짝 놀랐다. 동시에 들켰다는 생각이 들었다. 난 나를 드러냈다.

"네, 하나님. 저 이 남자 싫어요. 저랑 안 맞아요. 그래서 헤어지고 싶어요. 이게 제 본심이에요."

내 속에 숨겨 둔 진심을 토해 내기 시작한 것이다. 그리고 꺼이꺼이 울었다. 그동안 거짓으로 기도한 내가 창피했고, 내가 얼마나 교만하고 위선적이고 가식적이었는지 알게 되었다. 그간 드린 기도는 내가 들어도 역겨웠다. 나는 다시 내 속마음을 열었다.

"하나님, 이제야 제 속을 털어놓네요. 전 비련의 여주인 공처럼 제 남편이 저를 버린 것처럼 위선을 떨고 싶었어요. 그래야 사람들이 제 편이 될 거라고 생각한 거죠. 제 속마음을 숨기고 정말 가증스러운 기도를 했네요. 제가 잘못했어요. 그런데 주님, 다시 해볼게요."

그 순간 나는 깜짝 놀랐다.

'다시 해보겠다고? 그럼 이혼은?'

내 입을 막았다.

내가 지금 무슨 기도를 하는 건가!

그때 하나님이 십자가를 보여 주셨다.

"이게 뭐죠?"

한쪽에 십자가들이 무수히 버려져 있었다.

"다들 지고 가다가 버리고 간 십자가란다. 저 십자가를 누군가 또 져야 하지 않겠니?"

"주님, 한번 해볼 게요. 제 십자가는 제가 지고 갈게요."

이것이 하나님의 뜻이었다. 하나님은 내 입에서 이런 고백이 나오길 기다리셨다. 우리는 자신을 가리고 있는 가면과 가식을 벗어던질 때 하나님의 뜻을 발견할 수 있다. 하나님이 응답하시지 않은 것이 아니라 어쩌면 내가 듣고 싶어하는 응답이 아니어서 계속 내 뜻대로 답이 되어지길 기다리는지도 모른다.

나는 지금도 남편과 종종 갈등한다. 하지만 주님 안에

서 변화될 남편을 기대하므로 예전처럼 속상하지 않다. 내가 오늘보다 내일 더 예수님을 닮아 가는 만큼 남편도 그럴 것이므로 오늘보다 내일이 더 기대된다.

"주님,
제가
가겠습니다"

새벽기도를 하면서 내 성격 중에 모가 나고 뾰족뾰족한 부분들이 깎여 나가기 시작했다. 기도하고 말씀 보고 성경 공부를 하면서 계속 말씀으로 나를 비춰 보는 훈련을 한 결과였다. 나의 잘못된 생각이 깎이고 남에게 지적질하던 잣대들이 부러져 나가기 시작했다.

나는 내 미래를 위해 기도한 적이 없다. 그저 주신 하루에 최선을 다해 살기로 마음먹었기 때문이다. 그렇게 내 모양이 차츰 변해 가고 있을 즈음, 서울에서 충격적인 소식을 접했다.

'톱 탤런트 자살.'

나는 내 눈을 의심했다.

'설마! 아닐 거야.'

서울로 확인 전화를 했다. 후배들도 충격에 휩싸여 잘 모르겠지만 사실인 것 같다고 떨리는 목소리로 대답했다. 나는 너무 놀라 기도했다.

"하나님, 어떻게 이런 일이…. 그 가족을 위로해 주세요. 후배들이 힘들어하고 있습니다. 이 일이 후배들에게 영향을 미치지 않게 해주세요."

새벽마다 연예인 후배들의 이름을 부르며 다급하게 SOS를 청했다.

며칠 뒤 한 후배에게서 전화가 왔다. 너무 불안해서 잠도 안 온다는 후배는 다음엔 내 차례가 아닌가 해서 두렵다고 했다. 그런 후배들에게 내가 해줄 수 있는 말은 그저 "기도하자"였다. 서울의 밤 11시가 밴쿠버의 새벽 6시니 그 시간에 맞춰 알람을 해 놓고 함께 기도하자고 했다.

다음 날 새벽에 일어나 기도하면서 나는 너무 마음이 아파 울기만 했다. 연예인 후배들의 마음이 느껴져서, 그리고 스스로 포기하고 삶을 놓고 먼저 간 그 후배가 너무 안타깝고 마음 아파서 꺼이꺼이 울기만 했다.

"하나님, 후배들이 무서워 떨고 있습니다. 주님, 지켜 주실 거라 믿습니다. 저희 후배들이 주님과 멀리 떨어져 있지만 온 마음으로 기도합니다. 하나님, 후배들을 좀….”

그렇게 몇 날을 기도하는데 하나님은 내게 더 큰일이 일어날 거라는 마음을 주셨다. 하지만 나는 “하나님, 그 이상 더 큰일이 뭐가 일어나겠어요? 제가 잘못 들은 거죠?” 하고 지나쳤다. 그런데 얼마 뒤 대통령의 자살 소식이 들려왔다. 나는 그날 얼마나 두렵고 떨렸는지 모른다. 기도하는 자에게 알려 주셨는데 나태하고 안일했던 나를 자책했다.

“하나님, 제가 미련해서 기도하지 못했습니다. 죄송합니다.”

그렇게 중보하던 어느 날 내 입에서 뜻하지 않은 기도가 나왔다.

“주님, 제가 가겠습니다.”

나는 깜짝 놀랐다.

‘내가 지금 뭔 소리를 하는 건가? 어디를 가겠다는 건가? 내가 지금 다시 돌아가겠다고 기도한 건가?’

그 다음 날도 그 다음 날도 나는 계속 마음이 불편했다.

‘가야 하는 건가? 내가 가서 무엇을 한단 말인가? 내가 간다고 바뀔 것도 없는데 여기서 기도나 하자.’

그런데 기도하면 할수록 마음은 더 복잡해졌다.

후배들한테서 전화가 오기 시작했다.

"언니, 오면 안 돼요?"

"언니, 올 생각 없어?"

내가 가 봐야 무슨 뾰족한 수도 없는데, 뭘 해야 할지도 모르는데 후배들은 돌아오라고 졸랐다. 이제 와서 서울로 돌아가는 것도 뜬금없지 않을까?

내가 다시 돌아간다고 뭐가 달라진다고, 난 머리속이 복잡해지기 시작했다.

그러던 차에 한국에 건강 검진을 하러 나오게 되었다. 검진을 하고 모처럼 후배들을 만나 이런 저런 얘기를 하다 보니 시간이 꽤 늦어졌다.

새벽 1시쯤 홍대 앞에서 택시를 타려고 걸어 나오는데 정말 뜻하지 않은 경험을 하게 되었다. 길바닥에 술에 만취해 쓰러진 여학생을 예수님이 울며 끌어안고 있는 모습을 본 것이다. 난 잠시 멍해졌다. 그리고 내 가슴 깊은 곳에서 눈물이 뜨겁게 솟구쳤다. 내 입에선 이런 고백이 나왔다.

"주님, 제가 저 한 아이를 살릴 수 있다면 저 다시 오겠습니다."

　나는 그날 다시 한국으로 오겠노라고 내 입을 열어 약
속하고 말았다.

영원한
내 것은
없다

우리는 가진 것이 많아지면 많아질수록 더 많이 쥐고 싶어 한다. 나 역시 그랬다.

마흔일곱 번이라는 이사 횟수를 세다가 '그만 세야겠다, 내가 왜 이걸 기억하고 있나' 싶어 던져 버리고도 계속 이사를 다녔다. 그래서 그런지 난 "내 집, 내 집" 하고 노래를 불렀다. 내 집만 있으면 죽어도 여한이 없을 것처럼!

캐나다에 가서도 내 집을 꿈꾸며 노래를 불렀고, 드디어 꿈에 그리던 내 집을 갖게 되었다. 난 쓸고 닦고 또 쓸고 닦으며 집에 광을 냈다. 사람들이 내가 죽으면 성경책, 커피, 콜라와 함께 청소도구를 넣어 주겠다고 할 정도였다. 난 내 집이 있다는 게 너무 좋았다. 정말 좋아서 죽을 지경이었다.

그런데 뜻하지 않게 하나님께 다시 한국으로 돌아오겠다고 약속을 했다. 캐나다에 돌아오자마자 마음이 바뀔까 봐 이것저것 정리하기 시작했다. 하나님은 내게 뭐 하냐고 물으셨다.

"한국에 돌아가기로 했잖아요. 얼른 정리하고 하루라도 빨리 가야죠!"

그러자 하나님은 먼저 기도하라고 말씀하셨다. 기도하고 있으면 때와 시간을 알려 주시겠다는 것이다. 나는 정리하던 손을 놓고 6개월 동안 기도했다. 이왕이면 방송이 아닌 누군가를 돕는 일을 시작하고 싶다고 기도했다.

그리고 하나님이 정해 주신 2009년 9월 2일, 한국에 돌아왔다.

한국에 돌아가면 9월 7일에 박미선이 하는 월드비전 행사에 참석하기로 했다. 그런데 하나님이 기도 중에 "6 다음이 뭐냐?"고 물으셨다. "7이요" 했더니 "네가 한

국에서 6일에 떠났고 7일부터 일을 하니 그동안의 쉼이 이해되느냐?"하셨다. 하나님의 섬세하심에 깜짝 놀랐다.

그런데 불과 일주일을 남겨 두고 문득 마음이 바뀌어서 한국에 돌아가기 싫다고 하나님께 떼를 썼다. 또다시 돌아가 일해야 한다고 생각하니 부담스러웠다.

"제가 누리는 게 배 아프세요? 제가 이제 좀 살 만한데 그 꼴을 못 보시는군요. 전 여기가 너무 좋아요. 하나님, 없던 일로 하고 그냥 여기서 애들 키우며 살고 싶어요. 애들 잘 키울게요. 세 아이 제대로 키울게요. 한국 가기 싫어요. 안 가고 싶어요."

그렇게 기도하는데 하나님이 둘 중에 하나를 고르시란다.

"나랑 같이 갈래? 아님 여기서 혼자 살래?"

"하나님, 여기서 하나님이랑 같이 산다고요. 저 여기서 주님이랑 함께 누리며 살고 싶다고요!"

그래도 하나님은 계속 둘 중에 하나를 고르시란다.

"아니, 나랑 갈래? 혼자 살래?"

"그게 아니라 하나님, 제가 뭘 원하는지 아시잖아요. 저 여기서 주님과 같이 살겠다고요. 가기 싫다고요."

그러나 하나님은 다시 내게 물으셨다. 난 이를 악물고

대답했다.

"하나님, 제가 어떻게 하나님 없이 이 집에 혼자 살아요. 그게 무슨 소용 있어요? 아시잖아요. 아버지 없이 못 사는 거. 갈게요…."

꼼짝없이 가야 하는구나, 나는 울기 시작했다. 그러자 하나님이 나를 위로하시는 게 느껴졌다. 나를 꼭 안아 주시며 "고맙다. 나랑 가 줘서 내가 기쁘다" 하셨다. 하나님의 사랑에 나는 다시 펑펑 울었다. 아까와 다른 울음을 토해 냈다. 이 사랑을 어찌 뿌리칠 수 있겠는가! 이 사랑이 얼마나 큰지 아는데….

내가 안주한 곳에서 떠나는 일이 얼마나 어렵고 용기가 필요한 일인지 그때 나는 알았다. 가진 것이 많은 사람은 얼마나 어려웠을까? 성경에 나오는 부자 청년이 생각났다. 누리던 것을 포기하는 일이 얼마나 힘들었을지 이제야 그를 이해할 것 같았다. 아브라함이 믿음의 조상이라 불리는 이유도 알 것 같았다. 본토 친척 아비 집을 떠난다는 것, 편히 살던 곳에서 미지의 땅을 향해 간다는 것, 정말이지 커다란 결단 없이는 할 수 없는 일이다.

박수칠 때
떠나라

　지금으로부터 10여 년 전, 내가 캐나다로 이민 간다고 하자 많은 사람들이 말렸다. 이유는 이랬다.

　"네 나이 마흔둘이야. 지금 돈 벌지 않으면 나이 들어서는 못 벌어. 벌 수 있을 때 벌어. 나중엔 아무리 일하고 싶어도 못할 수 있어."

　"지금이 최고 전성기야. TV 프로그램이 몇 개야. 게다가 라디오도 두 개나 하잖아. 네가 버는 돈이 얼만데…."

　대부분 나를 걱정하고 생각해서 해준 말들이었다. 그런데 그 누구의 말도 내 귀에 들어오지 않았다. 지금 이 기회를 놓치면 다시는 못 나갈 것 같았다. 그래서 소리 소문 없이 일을 저질렀다.

떠나기로 작정하고 6개월간 일을 정리하면서 후배들과 송별회를 가졌다. 그때마다 가슴이 먹먹해졌다. 떠나는 시간이 가까워 올수록 발걸음도 무거워졌다.

함께 이별 여행을 가서 맘껏 웃게 해준 그 친구들을 잊을 수가 없다. 누가 날 위해 그렇게 해주겠는가. 가기 전날 그 많은 친구들을 불러 집밥을 해주며 나를 위로해 주던 엄마 같은 언니! 지금은 모두 바빠진 나의 사랑하는 동생들! 정말 목이 메도록 고마웠다. 헤어지는 시간이 다가올수록 눈만 마주쳐도 눈물이 왈칵 쏟아지곤 했다. 떠나는 날 공항에서 다시는 이 땅에 돌아오지 못할 것처럼 얼마나 목 놓아 울었는지 모른다. 그리고 7년 뒤 캐나다에서도 똑같은 일이 일어났다.

"애들이 지금 한국 돌아가면 적응하지 못할 거예요. 고생하고 힘들 거예요. 왜 이제 살 만한데 떠나요?"

"한국으로 돌아가는 게 하나님의 뜻이 분명해요? 응답받은 게 확실해요?"

"그렇게 힘들게 영주권을 얻었는데 시민권도 마저 따고 가요."

여기저기서 왜 좋은 기회를 놓치느냐며 나의 한국행을

만류했다. 하지만 날 위해 하는 그들의 말이 나를 너무 힘들게 했다. 나는 하나님께 확인받고 싶었다.

"하나님, 시민권을 따야 할까요? 사실 나도 아이들에게 시민권을 주고 싶어요!"

그때 하나님이 내게 물으셨다.

"넌 천국 시민권이 있는데 다른 나라 시민권이 또 필요하니?"

더 이상 할 말이 없었다. 나는 갈등했지만 하나님의 뜻은 분명했다.

몇 날 며칠을 그들과 송별회를 가졌다. 그리고 밴쿠버 공항에서도 인천 공항에서 그런 것처럼 눈물을 쏟으며 이별을 했다. 공항에서 꺼이꺼이 울던 순모임 식구들, 동네 엄마들을 생각하면 지금도 울컥한다. 캐나다 공항에서 마음이 약해질까 봐 뒤돌아보지도 못하던 따뜻한 믿음의 식구들이다.

캐나다에서 나는 기도 덕분에 사람이 되었다. 새벽기도의 영성이 나의 영성이 되었다고 생각한다. 매일같이 4시 15분에 일어나 예배를 드리러 가던 일이 꿈만 같다. 혼자 할 수 없을까 봐 하나님은 3인 1조까지 짜 주셨다. 새벽기도는 몸에 익히기 참 힘들었다. 새벽기도를 1년쯤 했을 때 그만할까 하는데 이상준 목사님이 새벽기도 총무를 맡으라고 해서 1년을 더 했다. 그후 또 그만할까 하는 순간 솔로몬의 일천번제에 도전받아 또 새벽기도에 몸을 맡겼다.

새벽잠이 없는 한 엄마가 4시 15분에 전화로 모닝콜을 하면 4시 30분에 정신 차리고 운전해서 그 엄마를 태우고 또 한 명의 엄마를 태웠다. 맥도날드에서 커피를 사서 교회에 도착하면 5시 10분, 예배하고 다시 집에 돌아오면 7시 20분이었다. 부랴부랴 아침 준비를 하고 7시 35분에 아이들을 깨워 먹이고 8시 15분에 두 아이를 학교에 데려다 준 뒤 다시 집에 오면 9시 10분 전. 그때부터 청소하고 도시락을 챙겨 애들에게 갖다 주면 11시 40분이었다. 뚜껑을 열면 김이 나는 따뜻한 도시락을 아이들 위해 싸는 일, 그것이 나의 기쁨이었다.

어린 시절 도시락을 싸 가지 못한 아픈 기억 때문에 시간 맞춰, 그것도 정성껏 도시락을 싸 주기 위해 나는 동동거렸다. 학교에서 내가 싸 준 도시락을 받아 들며 환하게 웃는 아이들을 보면 어찌나 뿌듯하던지. 아이들이 우리 엄마 따뜻한 도시락 갖다 준다고 자랑하는 듯했다.

도시락을 갖다 주고 집에 돌아와 찬양하고 말씀을 듣다 보면 아이들을 데리러 가야 하는 시간이다. 2시 45분, 부리나케 아이들을 데려와서 간식 먹이고, 아이들이 숙제하는 동안 저녁을 준비한다. 저녁을 먹고 씻고 간단히 저녁 예배를 드리고 나면 9시 30분이다. 캐나다의 시간은 이렇게 매일 규칙적으로 밤은 밤, 낮은 낮으로 순환했다. 그렇게 엄마로도 누릴 수 있게 해주심에 감사한다.

나는 이제야 깨닫는다. 하나님이 왜 나를 가장 전성기일 때 캐나다에 보내셨는지. 내가 최고의 자리에서 떠났기에 다시 이 땅에 돌아왔을 때 그 자리에서 일할 수 있었다. 만일 슬럼프에 빠졌을 때 떠났다면 다시 돌아왔을 때 설 자리가 없었을 것이다. 하나님은 이미 내가 돌아올 자리까지 예비해 놓으셨던 것이다. 그래서 내가 모두 버리고 갈 수 있었음을 이제야 깨닫는다.

　　"너는 마음을 다하여 여호와를 신뢰하고 네 명철을 의지하지 말라 너는 범사에 그를 인정하라 그리하면 네 길을 지도하시리라"(잠 3:5-6).

Part 2
자녀는 부모의 등을 보고 자란다

뭔 과외?
성경 과외?

나는 아들한테 딱히 무엇을 강요한 적이 없다. 남자아이니까 공부보다는 운동만 열심히 시켰다. 그런데 내가 유일하게 시킨 과외가 있다. 성경 과외다. 아들이 초등학교에 들어간 해부터 졸업하기까지 6년 동안 전도사님이 일주일에 한 번 우리 집에 와 아들을 말씀으로 가르치고 기도하고 교제를 나누었다. 남자아이는 사춘기가 되면 어떻게 변할지 모르기에, 아니 어디로 튕겨 나갈지 모른다는 막연한 생각에 성(性)이 같은 남자 전도사님을 모셨다. 일주일에 한 번이라도 말씀을 나눌 수 있으면 좋겠다 싶었다.

생각대로 아들은 전도사님과 말씀 안에서 교제하면서 같이 영화 보러 가기도 하고 놀러 가기도 했다. 전도사님은 지금은 중국에서 목회를 하는데 지금까지 아들의 멘토로 친분을 맺고 있다. 정말 감사하다.

　나는 아들을 내 뜻대로 키우지 않은 것과 그런 지혜를 주신 하나님께 정말 감사한다. 아들은 "적극 추천 성경 과외!" 하면서 "엄마, 엄만 어떻게 그런 생각을 다 했어? 난 내 자식도 꼭 성경 과외시킬 거야. 엄마가 한 일 중에 제일 잘한 일이야" 한다. 물론 동생들도 오빠의 뒤를 이어 성경 과외를 하고 있다.

　　"모든 성경은 하나님의 감동으로 된 것으로 교훈과 책망과 바르게 함과 의로 교육하기에 유익하니"(딤후 3:16).

　나는 성경 과외가 무엇인지도 모르면서 일단 시작했다. 인생에서 영어보다 수학보다 중요한 게 말씀이라 생각해서 시작한 일이었다. 말씀이 인생에서 가장 중요한 것이라면 일주일에 고작 1시간가량 드리는 예배로는 믿음이 자랄 수 없다고 보았기 때문이다. 아이가 성경 지식이 바닥인 내게 말씀에 대해 물어보면 부담스럽기도 했다.

처음에 성경 과외를 시키기 위해 전도사님을 구한다고 하자 다들 어리둥절해했다. 내 생각을 설명하면 더 어이없는 표정을 지으며 이상한 데 꽂힌 환자 엄마로 생각하는 것 같았다. 여기저기 과외 선생님을 구한다고 알려 놓고 기다렸다.

드디어 전도사님을 구해서 만났는데 어떻게 하면 되느냐고 묻기에 "저도 몰라요. 알아서 해주세요"라고 대답했다. 전도사님이나 나나 듣도 보도 못한 일이었으니 당연했다. 다만 아이와 같이 성경을 나누고 이해시켜 달라고, 그리고 아이의 얘기를 들어 달라고 부탁했다.

첫 수업에 들어가는 아이에게는 "오늘 해 보고 재미없으면 안 해도 되니 부담 갖지 말라"고 했다. 말은 그렇게 했지만 나는 아이가 정말 재미없다고 하면 어떻게 하나 무척 조바심을 냈다. 그런데 다행히 아들은 계속해 보겠다고 했다. 그때부터 아들은 일주일에 한 번씩 전도사님이 들려주시는 성경 속 인물들과 말씀들을 받아들였고 구체적으로 기도하기 시작했다.

거저 주신 귀한 것에 감사해야 한다며 세계 평화를 위해 기도하더니 어느 날 선교를 하겠다고 했다. 세상 욕심이 아닌 하나님의 마음을 알아 가는 아이가 너무나 감사했다. 솔직히 나보다 낫다는 생각이 들었다. 아이는 정말 정직하게 자라 주었다.

아들은 말씀을 머리로 외우는 게 아니라 가슴에 새겼다. 성경 속 인물들의 삶도 마음판에 새기며 배우고 익혔다. 그러자 세상을 보는 관점이 명예나 부가 아니라 이웃을 섬기는 기준으로 세워졌다. 나는 이렇게 기특한 생각을 하게 해주신 하나님께 감사했다. 그리고 아이가 올곧게 자라 줘서 고마웠다.

크리스천 부모는 당연히 자녀가 말씀으로 자라길 바란다. 그러나 정작 말씀을 따로 시간을 내어 가르치지는 않는다. 그러면서 자녀가 거짓말을 하면 "넌 나쁜 애야. 그렇게 거짓말을 하면 혼나. 하나님이 벌 주시는 거 알아, 몰라?" 한다. 우리는 하나님이 사랑이 하나도 없는 분처럼 잘못하면 무섭게 야단치시는 분으로만 가르친다.

나는 아이들이 거짓말을 하면 이렇게 가르쳤다.

"엄마는 잠시 동안 너희를 맡았어. 엄마가 보이지 않는 곳에서도 하나님은 너희를 보고 계셔. 하늘 없는 곳이 있으면 엄마한테 얘기해 줄래? 너희가 거짓말을 하면 엄마는 속을 수 있을지 몰라도 하나님은 어디서든 언제든 보고 듣고 계시다는 걸 알아야 해. 하지만 하나님은 무서운 분이 아니셔. 하나님은 잘못한 것을 회개하고 돌아오면 두 팔로 안아 주시는 분이야! 엄마를 기다려 주신 걸 봐!"

아이들을 무엇으로 가르쳐야 할지 알게 해주신 하나님께 얼마나 감사한지 모른다.

나는 지식과 지혜가 턱없이 부족한 사람이다. 잠시 잠깐이라도 말씀을 놓으면 내 생각이 나를 사로잡아 버린다. 그래서 나는 기도할 수밖에 없고 말씀을 놓을 수가 없다.

"주의 말씀은 내 발의 등이요 내 길의 빛이니이다"(시 119:105).

큰아이
초등학교
입성기

아들이 한국에서 초등학교에 들어갈 때였다. 나는 이왕이면 크리스천 스쿨에 보내고 싶었다. 알아보니 신촌에 크리스천 스쿨이 있는데 꽤 괜찮다는 소문이었다. 집에서 가깝기도 해서 입학원서를 넣었다. 그런데 놀랍게도 경쟁률이 10:1이나 되었다.

아니 무슨 초등학교 입학이 이렇게 어렵단 말인가! 나는 나의 유일한 백(background)인 하나님 아버지를 찾았다. 새벽기도를 시작했다.

"하나님, 아이가 이 학교에 들어갔으면 좋겠습니다. 들어가도 주의 뜻, 못 들어가도 주의 뜻이라면 이왕이면 들어가는 걸로 주의 뜻을 맞춰 주십시오."

참 열심히 기도했다. 그러던 어느 날 새벽, 아들이 부스스 일어나더니 자기만 혼자 쿨쿨 잘 수 없다며 나를 따라 나섰다. 기특했다. 나는 내심 아이도 함께 동참해서 기도했으니 하나님이 들어주실 수밖에 없을 거라고 기대했다. 하지만 아이에게는 "돼도 하나님 뜻이고 안 돼도 하나님 뜻이야. 만일 안 된다면 하나님이 다른 곳으로 보내는 또 다른 이유가 있을 거야. 기도했으니까 기다리자" 했다.

추첨이 있던 날, 이른 아침 고모 손에 딸려 아이를 추첨장에 보내고 나는 녹화하러 방송국에 갔다. 녹화하는 중에도 틈틈이 제발 붙게 해달라고 기도했다. 늦은 오후 고모한테서 떨어졌다는 답을 들었다. 나는 입 밖으로 튀어나오려는 불만을 꼭꼭 씹으며 억지로 괜찮다고 말했다.

"하나님, 감사합니다. 억지로 감사하려고 저 애쓰고 있습니다. 속은 끓지만 그래도 감사합니다. 이유가 있으실 거라고 믿습니다."

저녁에 들어가니 아이의 어깨가 축 쳐져 있었다. 나를 보자 아이는 매달려 울었다.

"새벽기도도 다녔는데 하나님은 내 기도 안 들어 주셨어."

나는 아이를 다독였다.

"아직 몰라. 혹시 뽑히고도 안 다니겠다는 아이가 생길 수도 있으니 기다려 보자."

나는 대기자 명단에 아들의 이름을 올려놓았다. 하지만 학교에서는 더 이상 연락이 오지 않았다.

'그래 거긴 아닌 거야. 내가 욕심을 낸 거야. 이제 접자' 했지만 아이보다 내가 더 못내 아쉬웠다.

'좋은 학교 보내고 싶었는데, 크리스천 스쿨이라는데, 시설도 좋다는데….'

동네 초등학교에 입학하던 날 끝내 버리지 못하던 아쉬움을 털어 버렸다. 그로부터 한 달이 넘어 5월 즈음 한 통의 전화가 걸려 왔다. 지난번 추첨에서 떨어진 학교의 교장 선생님이었다.

"OO학교 교장입니다. 한번 만날 수 있을까요?"

나는 가슴이 쿵쾅거렸다. 주변 사람들에게 교장 선생님이 직접 전화했는데 어떻게 하면 좋겠냐고 물었더니, 후원금을 준비해서 가라고 했다. 후원금이라고? 얼마나 준비해야 하냐니까 누군가는 버스 한 대 값은 준비해야 한다고 했다. 입이 다물어지지 않았다.

"하나님, 그렇게는 안 할 겁니다. 아이를 돈에 싸서 학교에 보내진 않을 겁니다. 그 돈이면 차라리 힘들고 어려운 사람들을 돕겠습니다. 만일 그런 요구를 한다면 저 안 갑니다."

이렇게 기도한 후 학교로 향했다.

교장의 얼굴을 보자 안심이 됐다. 아무렴, 저런 분이 학교에다 뭘 내라고 할까 싶을 만큼 따뜻해 보였다. 교장이 조용히 물었다.

"아이를 이 학교에 보내시려는 이유가 뭡니까?"

"전 그냥 크리스천 스쿨이고 집이랑 가깝고 아이들을 가르치시는 선생님들이 따뜻하다고 들었어요."

"그럼 아이를 보내실 생각이 아직도 있나요?"

"네, 아직 있어요. 자리가 난다면요."

"그래요. 그런데 뭐 들으신 얘기 없나요?"

드디어 올 것이 왔구나 싶었다.

'이렇게 물어보는 의도는 뭘까?'

"네. 들었어요."

"뭐라고 하던가요?"

"네, 말씀드려도…?"

"네, 말씀해 보세요."

"버스 한 대를 학교에 사 줘야 한다, 2천만 원을 내야 한다 그러더군요."

"그럼 그 돈을 내고 보내실 건가요?"

나는 단호하게 말했다.

"아뇨. 전 그럴 마음은 없어요. 그렇게까지 해서 이 학교에 보내야 한다면 그냥 지금 다니는 학교에 다니겠어요."

"그럼 내일부터 준비해서 아이를 보내세요."

쿵쾅거리는 내 심장 소리에 교장 선생님 말씀이 제대로 안 들렸다.

"네?"

"내일 준비해서 학교에 보내시면 됩니다."

"그럼 돈은요?"

"그런 거 필요 없습니다. 그런 소문이 돈다는 얘길 저도 들었습니다. 그래서 이성미 씨처럼 돈 안 내겠다는 분을 찾았습니다."

나는 어안이 벙벙했다.

"그 대신 약속 하나 해주세요. 학부모들에게 돈 한 푼 내지 않고 들어오게 됐다고 얘기해 주세요."

나는 신이 났다.

"그러지요. 얼마든지요. 그게 사실이니까요. 그 대신 학교에서 제가 필요한 일이 있으면 언제든 불러 주세요."

나는 웃음이 나오는 걸 억지로 참았다. 세상에 이런 일도 다 있구나 싶었다. 나는 학교에서 나와 아는 언니에게 전화했다.

"언니, 그냥 오래. 아무것도 내지 말고."

"진짜?"

"어!"

"들어가고 나면 다른 얘기할 거야."

"아냐 언니. 진짜 진심으로 그러셨어."

나는 몹시 흥분했다. 하나님이 우리의 기도를 들어주신 것이다.

아들은 드디어 소문으로만 듣던 학교에 다니게 됐다. 아이도 만족스러워했다. 한 달쯤 지나자 학부모들과도 친해져서 같이 밥을 먹게 되었다. 그 자리에서 누군가가 어떻게 들어오게 됐냐고 묻기에 돈 한 푼 안 내고 들어왔다고 신이 나서 떠들었다. 엄마들은 놀라며 진심으로 축하해 줬다. 하지만 얼마 후 들리는 소문은 사실과 달랐다.

"그 집 아들 2천만 원 내고 들어왔대."

그때 알았다. 아니 땐 굴뚝에서도 연기가 난다는 걸. 그러나 나는 더 중요한 걸 알게 됐다. 소문이야 어떻게 났든 만일 그때 돈을 내고 들어갔다면 내 자신도 부끄러웠겠지만 아들에게도 상처가 되었을 것이라는 사실이다. 주님이 주신 마음으로 결정한 것이 너무 다행이었고 자랑스러웠다.

학교에 들어간 아이는 첫날부터 계속 학교 자랑을 했다.

"엄마, 학교 진짜 좋아. 선생님이 너무 친절하셔. 수업 시작을 기도로 하고, 예배도 하고. 아우 너무 좋아."

"아우, 그렇게 좋아?"

"어, 엄마 모든 게 다 좋아."

아들은 6년을 그렇게 기쁘게 학교를 다녔다. 나는 운동회 때 두어 번 간 것 외에 따로 학교에 갈 일이 없었다. 아들이 6학년 때 학교에 갈 일이 있어 반을 찾아가는데 아이들한테 물어물어 찾아갔을 정도였다. 아들이 5학년 때 부반장이었다는 사실도 6학년 졸업식 때 알았다. 그만큼 학교는 치맛바람이 전혀 소용없는 곳이었다. 기도해서 보낼 만한 가치가 있는 곳이었다.

믿음보다
더 복된
유산은
없다

아이들은 참 빤한 일 때문에 혼난다. 혼날 줄 알면서도 빤한 거짓말을 하거나 변명을 해서 더 혼이 난다. 또 아이들은 참 별것 아닌 일로 거짓말을 한다. 다시 말해 보라면 아까와 또 다른 이야기를 지어 내서 금세 탄로가 난다. 화가 나서 엄마 눈 똑바로 보고 말하라고 하면 이번엔 말도 제대로 못한다. 특히 형제끼리 싸워서 혼날 때면 자기가 유리한 쪽으로 말을 지어 낸다. 어쩌면 그렇게 잔머리를 굴리는지 가르쳐 준 적이 없는데도 잘한다.

나는 동생이 오빠나 언니한테 버르장머리 없게 굴면 1, 2차 경고한 후에 한꺼번에 몰아서 야단친다. 세탁기 옆에 걸어 논 매를 가져오라면 아이들은 회초리를 들고 오면서 변명할 거리를 찾는다. 때론 깨끗이 잘못을 인정하고 맞을 준비를 하고 오기도 한다.

"네가 왜 매를 들고 왔는지 알아?"

"네."

"얘기해 봐."

그러면 어느 날은 "제가 잘못해서요" 하는가 하면, 어느 날은 어쩌구저쩌구 변명을 늘어놓는다. 그러면 나는 아이에게 이렇게 말한다.

"엄만 너희들 얘기 다 믿어. 그런데 잘못한 건 고쳐야해. 거짓말이 세상에서 제일 나쁜 거야. 너희가 엄마한테 거짓말해서 엄마가 너희를 못 믿게 되면 나중에 엄마는 너희들 편이 되어 줄 수 없어. 서로 잘 알 수 있도록 마음속에 있는 걸 거짓 없이 말해 줘야 해. 거짓말을 하다 보면 결국 자기 거짓말에 자기가 걸려 넘어지게 되어 있어. 그러니까 잘못했으면 솔직히 이야기하고 지금 혼나고 야단맞는 게 앞으로를 위해서도 좋은 거야."

그러면 아이들은 대개 순순히 자기 잘못을 인정하고 매를 맞는다. 정말 아프게 때린다. 하지만 매를 든 뒤에는 왜 때렸는지, 엄마 마음이 얼마나 아픈지를 얘기해 주고 잠자리에서 꼭 끌어안고 기도해 준다.

아들을 키우면서 뜬금없는 질문에 당황할 때가 있었다. 또래끼리 모여서 하는 얘기란 빤할 거라고 생각했다. 수업 시간에 뭐 하다 걸려서 혼났고, 뭐가 재미있는 게임이고, 축구는 누가 잘하고, 어디가 맛있고, 어느 여자애가 예쁘고… 이런 얘기를 할 거라고 생각했다. 그런데 어른도 생각지 못한 얘기를 나눈다는 걸 알게 되었다.

어느 날, 4학년이 된 아들이 느닷없이 "엄마, 엄마는 얼마 벌어?" 했다. 순간 나는 기가 막혀서 "그건 왜 묻냐?" 했다. 그러자 아들은 친구들은 부모님 수입을 대충 알고 있더라며 지금까지 자기만 몰랐다고 했다. 차는 뭘 타는지, 집은 몇 평인지, 우리 집인지, 전세인지, 그런 얘기를 자기들끼리 한다는 것이다. 어처구니가 없어서 아이에게 한마디 쏘아붙였다.

"너더러 학교 관두고 나가서 돈 벌어 오라고 할 정도는 아니니까 쓸데없는 소리하지 말고 공부나 해! 어휴, 어린놈들이 좀 건전하게 놀면 좋을 것을."

그렇게 며칠이 지난 뒤 아들은 또 느닷없이 더 황당한

질문을 했다.

"엄마, 나 있잖아. 보아랑 결혼하고 싶은데 보아랑 결혼하려면 돈이 얼마나 있어야 해?"

"뭐?"

"아니, 나 크면 진짜 보아랑 결혼하고 싶은데…."

"결혼이 돈 갖고 되니? 내가 보아라면 돈만 갖고 넌 내다 버리겠다. 어떻게 돈이면 다 되는 줄 아니?"

난 정말 이게 뭔가 싶었는데 끝이 아니었다. 어느 날 아들이 또 조심스럽게 물었다.

"엄마, 나 한 가지만 물어봐도 돼? 나한테 뭘 물려줄 거야?"

"뭐? 그게 무슨 소리야?"

"친구들이랑 얘기했는데 애들이 나더러 유산으로 뭘 받을 거냐고 물어보던데?"

"참 나! 너한테 물려줄 수 있는 건 믿음과 기도뿐이야! 유산 같은 거 받고 싶으면 그런 거 준다는 집에 가서 '엄마' 하고 부르며 살아. 벌써부터 받을 것부터 챙기다니, 허 참!"

왜 아이들의 입에서 이런 얘기들이 오르내리는지 도무지 이해할 수 없었다. 그러다 문득 '나는 과연 내 아이들에게 무엇을 남겨 줄 수 있을까?' 하는 의문이 들었다.

빚 없이 믿음만 남겨 줄 수 있어도 큰 복이지 싶었다. 그것 이상의 복은 아무리 생각해도 없는 것 같았다. 그런데 실제로 말대로 되어 가고 있다. 나는 아이들에게 아무것도 주고 갈 것이 없다. 있어도 없다. 아무것도 남겨 주지 않기로 했다. 최고로 값진 선물, 믿음과 기도만 남겨 주고 가기로 했다. 그것이 최고의 선물이라는 것을 알기에.

빨리
깨우쳐야
매도
덜 맞지

어느 날 막내가 야단맞을 일이 있어서 매를 가져오라고 했다. 아이는 파르르 떨면서 매를 들고 왔다.

"뭘 잘못했는지 말해 봐."

"잘못했어요, 다."

"뭐라구?"

"전부 다 잘못했어요."

"그럼 몇 대 맞을래?"

"음…."

"말해 봐, 몇 대 맞을지!"

아이는 한참 고민하더니 "안 맞을래요!" 했다.

'허걱! 이럴 땐 어떻게 해야 하지!'

"왜 안 맞겠다는 거지?"

"앞으로 잘할 거예요. 안 맞고도 아주 잘할 수 있어요."

뜻하지 않은 대답에 당황스러웠지만 그냥 그 말을 믿어 주기로 했다.

"좋아. 그럼 이번엔 안 때린다. 네 말대로 아주 잘할 거라 믿어 볼게. 만일 또다시 잘못하면 오늘 안 때린 거까지 맞는다."

아이는 조심스럽게 "네" 하고 대답했다.

그러나 아이들이 어디 그런가. 얼마 안 가 막내는 또 똑같은 잘못을 저질렀다. 아이를 야단치려고 보니 그새 사라지고 없었다. 그런데 찾고 보니 아이가 매를 가지고 내 방에 앉아서 나를 기다리고 있었다. 나를 보자 눈물을 뚝뚝 흘렸다.

"왜 울어?"

"아플 걸 생각하니까 너무 눈물이 나요. 그냥 지난번에 한 대 맞을걸. 오늘 그것까지 두 대 맞으려니까 엉엉."

난 웃음이 나왔다.

'도대체 이 아이는 뭘까?'

나는 웃음을 참고 아이에게 말했다.

"네 말에 책임져야 해. 지난번 거까지 맞아."

아이는 대성통곡을 했다. 그러면서 "그냥 그때 맞을걸, 그냥 그때 맞을걸" 했다.

참 이럴 땐 매를 들기가 어렵다. 하지만 약속이니 매를 들어야만 한다. 그 순간 이런 마음이 들었다.

'나도 처음 잘못했던 그 순간 잘못을 뉘우치고 하나님께 돌아왔더라면 덜 맞고 빨리 왔을 텐데….'

우리는 그때 그랬더라면 지금 달라졌을 거라고 생각한다. 그런데 나는 지금 이때라도 하나님께 돌아오길 참 잘했다는 생각이 든다. 누구든 돌아올 그때를 깨달아 돌아오는 게 얼마나 감사한 일인지 모른다. 나는 아이들을 통해 조금씩 나를 알게 되었고 아버지 하나님의 마음을 조금씩 배울 수 있었다.

영어보다
중요한 것은
정체성

태어난 지 14개월째에 캐나다에 간 막내는 영어만 잘하고 한국말은 잘 못한다. 다섯 살에 간 둘째는 한국말도 잘하고 영어도 잘한다. 초등학교를 졸업하고 간 큰아이는 한국말은 잘하는데 영어는 그냥 그렇다. 말하자면 한국식(?) 발음이다.

그런데 캐나다에 정착해 살면서 아이들이 한국말을 잊어버리기 시작했다. 다섯 살 둘째는 어느 날부터인가 한국말을 떠듬거리며 말하더니 글도 잊어버리기 시작했다. 학교에서 아이들과 영어로만 말하고 사용하니까 자연스럽게 한국말이 서툴러졌다. 아무리 한국말로 말하라 해도 환경이 그렇다 보니 어쩔 수 없었다. 안 되겠다 싶어 가끔씩 한국말로 편지나 글을 쓰도록 했다. 엄마한테 보내는 생일 카드나 아빠나 오빠한테 보내는 편지를 쓰게 했다.

어느 날 한국으로 돌아가는 전도사님께 카드를 쓰라고 했더니 전도사님이 아마 처음이자 마지막으로 받은 감동의 편지일 거라며 둘째가 쓴 편지를 내게 보여 주었다.

"전도사놈 검사합니다."

아이들은 한국을 떠날 당시의 한국말만 기억한다더니 둘째의 한국말은 다섯 살 수준에 머물러 있었다.

누군가 중국인들은 중국말을 먼저 가르치고 영어를 가르치는데 한국인은 영어를 가르치느라 한국말은 못하게 한다고 했다. 정말 그랬다. 실제로 중국인들은 가족끼리 중국말로 대화한다. 하지만 몇몇 한국 엄마들은 한국말을 잊어버려도 상관없다는 듯 영어만 가르친다. 그런데 사용하는 언어가 바뀌면 사고방식이 바뀌고 문화도 달라진다. 그래서 나는 어떻게든 한국말을 잊어버리지 않게 하고 싶었다.

"너희는 한국 사람이야. 여기서 살아도 한국 사람으로 살아야 해. 너희 안에 한국인의 피가 흐르고 있어. 너희가 캐나다 시민권을 가져도 얼굴과 피는 한국 거야."

나는 아이들에게 누누이 한국을 잊어버리면 안 된다고

가르쳤다. 비록 지금은 캐나다에서 살지만 한국 사람이라는 사실을 잊어선 안 된다는 생각에 집에서는 한국말로 하라고 했다. 물론 내가 영어를 못 알아들어서도 그랬지만 아이들을 한국 사람이 아닌 다른 나라 사람으로 키우고 싶지 않았다. 그리고 우리가 한국인임을 자랑스럽게 가르치고 싶었다. '나는 누구인가'에 대한 정체성을 확실히 해두고 싶었다.

그 덕분에 아이들은 한국 아이들로 자라 주었다. 동계 올림픽에서 한국과 캐나다가 경기를 하는데 아이들이 빨간 옷을 입고 대한민국을 외쳤다.

"대~한민국! 대~한민국! 한국 이겨라! 한국 이겨라!"

셋째는 한국에 돌아온 뒤 가끔 캐나다 이야기를 한다. 참 살기 좋았다고. 그러면 둘째가 셋째에게 이렇게 말해 준다.

"캐나다 좋았지, 그치? 그런데 이젠 한국에서 한국 사람으로 살아야 해. 우린 이제 우리나라에 돌아온 거야."

나는 아이들끼리 하는 이야기 속에서 아이들의 마음을 읽는다.

'그래 너희들은 대한민국을 가슴에 달고 태어났다. 이 나라에 필요한 사람들로 자라라. 이 나라를 품고 기도하는 사람들로 자라라.'

내가
변해야
한다

오래전 내가 한국에서 방송했을 때였다. 한 선배가 "네가 앞으로 인생을 헤쳐 나가려면 욕을 배워야 한다"면서 욕을 가르쳐 주었다. 하지만 나는 입을 열어 욕을 하지는 않았다. 그런데 오랜 시간 욕을 듣는 것만으로도 내 언어 습관에 영향을 미친다는 걸 어느 사건을 통해 알게 되었다.

대본 연습을 하는데 내게 욕을 가르쳐 준 선배가 자꾸 내가 틀렸다고 지적했다. 욕설과 함께. 나는 나름 잘하고 있는 것 같은데 자꾸 욕을 들으니까 나도 모르게 "야, 네가 틀렸어. 이 ××야! 너나 잘해, 이 ××야!" 하고 욕을 해 버렸다. 나도 모르게 몇 년 동안 들었던 욕들이 거침없이 쏟아져 나온 것이다. 순간 나도 놀랐지만 내게 욕을 가르쳐 준 선배도 얼굴이 하얘졌다. 그러더니 한마디 했다.

"그래, 가르친 보람이 있다. 이제 더 이상 안 배워도 되겠다."

정말 그랬다. 나는 그 뒤로 너무나 거침없이 욕을 했고 그때마다 통쾌함을 느꼈다. 나중에는 욕을 하지 않으면 뭔가 말을 마무리하지 않은 것 같아서 욕으로 시작해서 욕으로 마무리했다. 그래야 직성이 풀렸고 속이 시원했다. 심지어 칭찬할 때도 욕으로 했다.

그렇게 욕이 입에 배고 보니 욕이 욕이 아니게 되었다. 익숙해졌다. 욕이 잘못으로 느껴지지 않았다. 그래서 아들한테 말할 때도 욕으로 시작해서 욕으로 끝냈다. 잘해도 욕했고 못해도 욕했다. 욕이 착착 입에 감겼다.

"넌 어쩜 그렇게 잘하냐, 이 미친 놈아!"

"이 ×× 너 진짜 똑똑하다, ××야"

"이런 미친놈, 똑바로 해. ××야!"

이렇게 아들은 내 욕을 먹으면서 자랐다. 나는 그것이 잘못인 줄도 몰랐다. "잘못하면 욕먹는 게 당연하지", "내 자식한테 욕하는데 누가 뭐래?" 하며 거침없이 욕을 퍼부었다. 그것이 아들에게 상처가 된다는 걸 단 한 번도 생각해 본 적이 없었다.

그런데 아들이 사춘기가 되면서부터 관계가 나빠지기 시작했다. 캐나다에 도착한 뒤 아들과의 관계가 나빠지기 시작하는데 걷잡을 수가 없었다. 아들은 아들대로 분노했고 나는 나대로 소리 지르며 욕설을 퍼부어댔다. 나를 무시하는 태도나 말투에 피가 거꾸로 솟는 것 같았다.

"저걸 죽여 살려. 저런 쓰레기 같은 놈! 네가 그러니까 안 돼."

그럴수록 아들의 목소리는 커졌고 나는 나대로 악을 쓰며 욕을 해댔다. 집안 분위기는 엉망진창이었다. 우리는 만나기만 하면 으르렁거렸다. 눈만 마주쳐도 아니 일부러 눈을 마주치며 싸웠다. 그 사이에서 두 딸은 늘 불안에 떨었다.

'내가 저를 어떻게 키웠는데…' 하는 생각이 들면 분했다. 나는 늘 인생이 생방송이라고 생각해서 시간을 아끼며 사는데 아들은 하릴없이 시간을 버리는 게 한심했다. 내가 아무리 옳은 말을 해도 귓등으로도 듣지 않는 아들 때문에 견디기 힘들 만큼 괴로웠다. 새벽기도에 나가서 나는 울며 불며 하나님께 부르짖었다.

"하나님, 못 살겠어요. 난 이 ×× 때문에 살 수가 없어요. 내가 낳은 놈이 맞나요? 어떻게 이런 놈이 있냐고요? 뭐가 되려고 저러는지 모르겠어요. 한심해서 볼 수가 없어요."

나는 기도하면서도 욕을 했다. 새벽마다 몸부림치며 울고, 집에 돌아오면 아들과 싸우고, 또 새벽에 나가 기도하고, 바뀌지 않는 아들한테 실망해서 또 욕하고 기도하고, 욕하고 기도하고… 정말 지옥 같았다.

나는 기도하면 어느 날 아이가 문 앞에서 석고대죄하며 "어머니, 그동안 제가 잘못 살았습니다. 기도해 주신 덕분에 제가 깨우쳤습니다. 하나님이 제게 나타나셨습니다" 하는 날이 올 거라고 기대했다. 하지만 아들은 전혀 변하지 않았고 그럴수록 나는 하나님께 울며불며 악을 썼다.

"제가 이렇게 기도하는데도 안 바뀌어요. 하나님, 아들 좀 혼내 주세요. 아들 좀 바꿔 주세요. 제발."

오늘은 바뀔 거라는 기대감을 가지고 집에 돌아가면 더 큰 실망감으로 가슴을 쳐야 했다. 어디 가서 하소연할 수도 없었다. 실망스런 아들 얘기를 누구한테도 말하고 싶지 않았고, 그래 봐야 내 얼굴에 침 뱉기라고 생각해서 누구한테 말할 수도 없었다.

그렇게 몇 년이 흘렀을까. 여전히 우리는 말로 불꽃 튀는 전쟁을 쉬지 않고 했다. 지금 돌아보니 싸움의 시비는 늘 내가 걸었다. 내가 컨디션이 나쁘거나 바깥에서 안 좋은 소릴 들었거나 남편하고 싸웠거나 하면 아들한테 화풀이를 했다. 힘없는 아이들은 되받아치지 못하니까 부모라는 권력을 앞세워서 막해댔다.

그런데 감사하게도(?) 아들은 욕먹을 준비를 하고 있었다. 늘 컴퓨터 게임을 하면서 화난 엄마를 기다리고 있었다. 만일 아이가 공부하고 있었다면 나는 다른 뭐라도 시비를 걸었을 것이다.

아무튼 그날도 한국에 있는 남편과 전화로 말다툼을 하고 나서 시비 걸 곳을 찾는데 아들이 역시 컴퓨터를 하고 있었다. 나는 아들에게 소리쳤다.

"야! 나와!"

그러자 아들은 "나 지금 컴퓨터하고 있잖아! 이따 얘기해!" 했다.

"지금 할 거야. 나와!"

"아니, 이따 하라고. 나 지금 컴퓨터 하잖아! 안 보여?"

순간 화가 머리끝까지 나서 손이 올라갔다.

"이런, 싸가지 없는 놈! 어디 엄마한테 버르장머리 없이 소리를 질러! 야, 이 ××야! 나오라면 나오지 말이 많아."

손으로 아들을 내리치려 하자 아들이 내 손을 붙잡았다. 순간 나는 너무 당황해서 머리가 하애졌다.

'어, 이놈 봐라. 나보다 힘이 센걸. 옛날의 어리고 약한 아들이 아닌데? 잘못하면 맞겠는데. 때리면 어떡하지?'

그러는 순간 나머지 한 손을 다시 들었고 아들은 다시 내 나머지 손을 막았다. 다음 순간 발길질을 하는데 다리가 짧아서 발이 안 닿았다. 이번엔 소리를 질렀다.

"이런 싸가지 없는 ××! 어디 엄마를 잡고! 네가 이러니까 내가 화가 나는 거야. 이 ××놈아! 안 놔? 놔! 이 싸가지 없는 놈아! 에미가 때리면 맞아야지, 막아 네가? 이 한심한 ××야. 어딜 이 ××야!"

양손을 붙잡힌 나는 악을 악을 썼다. 그런데 아들이 내게 던진 한마디에 정신이 번쩍 들었다.

"에이씨 진짜! 교회 집사라는 인간이, 연예인이라는 인간이! 사람들이 이러는 거 알아? 바깥에선 그렇게 잘하고 안에서 이러는 거 누가 아냐고. 집구석에서 이러는 거 누가 아냐고? 엄마 이러는 거 어디 가서 말을 못해. 내가 쪽팔려서 진짜!"

순간 벌어진 입을 다물지 못할 만큼 움찔했다.

'이 아이가 나를 다 알고 있구나. 내가 다 들켰구나.'

나는 순간 맥이 빠졌다. 그리고 아이에게 잡혔던 손을 빼고는 2층 내 방으로 올라가 멍하니 하늘을 보며 하나님께 중얼거렸다.

"하나님, 이놈이 저를 너무 잘 아네요. 제가 어떻게 하고 있는지 다 알고 있네요. 정말 다 컸네요."

하지만 그때까지도 내게 문제가 있다고는 생각하지 못했다. 아들이 나를 알고 있다는 사실과 내가 안과 밖이 다른 사람이라는 걸 확인했을 뿐이다. 이렇게 아들에게 크게 한 번 놀라고도 나는 여전히 바뀌지 않았다. 여전히 새벽기도에 나가서 부르짖고 집에 와선 아들에게 욕하고 싸우는 생활이 반복됐다. 아들은 변하지 않았고 나는 기도할수록 더 사나워졌다.

그러던 어느 날, 학교에서 전화가 왔다. 아들이 오늘도 9시 30분 수업에 안 들어왔다는 것이었다. "아들이 오늘 학교 안 가도 된다고 했는데요" 하니까 "무슨 소리냐? 수업을 빼먹었다"고 했다. 순간 화가 치밀어 올라서 아들 방문을 박차고 들어가 이불을 확 잡아당기며 소리쳤다.

"야, 너 왜 수업 안 가서 학교에서 매번 전화 오게 해! 이 미친놈아."

"안 가도 돼!"

아들은 이불 속에서 귀찮다는 듯 툭 내뱉었다. 아들의 퉁명스러운 대답에 나는 더 화가 치밀어서 소리 질렀다.

"안 가도 되는데 왜 전화가 와! 하루 이틀도 아니고 매번! 네가 교장이야? 학교를 네 맘대로 왔다 갔다 하게? 야 이 ××야! 너 땜에 내가 창피해서 못 살아. ××야!"

아들은 귀찮다는 듯 일어나 샤워실로 휙 들어가 버렸고 나는 아침을 대충 차려 놓고 어슬렁어슬렁 내려온 아들의 뒤통수에다 대고 소리쳤다.

"야! 빨리 먹고 학교 가. 한심한 놈. 이 ××야! 넌 뭐가 되려고 그러니, 미친놈! 날 샜다. 병신 같은 ××! 쓰레기 같은 놈아. 너는 아무짝에도 못 쓴다, 이 ××야."

그때였다. 아무 생각 없이 욕을 내뱉는데 내 마음을 내리치는 한마디가 들렸다.

"네 아들, 네가 말한 대로 만들어 줄까?"

그 순간 너무너무 끔찍한 그림이 필름처럼 지나갔다. 미친개, 피 흘리며 쓰러진 모습, 엉망진창인 아이의 모습이 떠올라 몸을 부르르 떨었다. 나는 아들에게 밥 먹고 학교에 가라 하고는 방에 들어가 몸부림쳤다. 그리고 울부짖으며 기도했다.

"하나님, 잘못했습니다. 몰랐어요. 제 아들이 그동안 제가 말한 대로 됐다면 저 아인 이 세상에 살아 있지 못할 겁니다. 제가 17년 동안 욕한 대로 되었다면 제 아인 미친개가 되어 있을 거고, 길바닥에서 피 흘리며 죽었을 거고, 정신병자가 되었을 겁니다. 하나님! 저를 용서해 주세요. 제 안의 분노 때문에 뱉어 낸 말입니다. 잘못했어요. 정말 이제 다시는 욕하지 않을 게요."

그동안 내가 숱하게 내뱉은 욕처럼 아들이 되었다면 얼마나 끔찍할까? 나는 오랫동안 참고 있다 말씀하신 주님의 음성에 정신없이 울며 철저히 회개했다. 그리고 다시는 욕을 하지 않겠노라고 하나님 앞에서 선언했다. 그렇게 회개하고 난 뒤 놀랍게도 내 입에선 욕이 떠나갔다. 그리고 그 뒤로 정말 다시는 아이에게 욕을 하지 않았다.

"무릇 더러운 말은 너희 입 밖에도 내지 말고 오직 덕을 세우는 데 소용되는 대로 선한 말을 하여 듣는 자들에게 은혜를 끼치게 하라"(엡 4:29).

내가 욕을 하지 않게 되자 아들이 긴장하기 시작했다. 아들에게서 욕 금단 증상이 나타나기 시작한 것이다. 3일이 지나자 아들이 내 주위를 빙글빙글 맴돌았다. 그렇게 욕을 퍼붓던 엄마가 욕을 안 하니 너무 이상한 모양이었다. 나중에 아들이 한 말이지만, 당시 아들은 엄마가 욕을 하루하루 모아 두었다가 어느 날 한꺼번에 폭발할 것 같아서 엄청 불안했단다.

또 일주일을 계속 내 주위를 맴돌며 슬슬 눈치를 보았다. 그러다 결국 아들이 못 참고 내게 물었다.

"엄마, 저 물어볼 게 있는데요… 왜 욕 안 하세요?"

아들이 존댓말까지 하는 걸 보니 확실히 긴장한 모양이었다.

"사실 하나님이 두려운 마음을 주셨어. 내가 욕한 대로 네가 될까 봐 두려웠어. 그래서 엄마 욕 안 하기로 하나님 앞에서 약속했어. 앞으로 욕 안 해."

그러자 아들은 "아니, 하나님은 17년 동안 가만히 계시더니, 왜 이제야 말씀하시는 거야?" 했다. 그래서 이렇게 말해 주었다.

"하나님은 엄마한테 계속 말씀하셨는데 엄마가 교만해서 못 들은 거야. 난 내가 잘하는 줄 알았거든. 성경에 귀 있는 자가 듣는다고 했지? 엄마가 처음으로 그 귀 있는 자가 됐어. 마음이 열려 있어서 들려주신 거야. 엄마 이제 욕 안 해."

아들이 2층으로 올라가며 동생들에게 한마디 했다.

"너희들은 좋겠다. 엄마가 변해서…. 욕 안 먹잖아!"

아들에게 욕을 하지 않게 된 이후 집안 분위기가 급속도로 달라졌다. 어느 날 "오빠, 밥 먹으라고 해" 하며 둘째를 올려 보내자, 오빠 방에 올라갔던 딸이 깜짝 놀라서 뛰어 내려오며 소리쳤다.

"엄마, 엄마, 큰일 났어!"

"응? 왜? 무슨 일이야? 어? 왜? 왜?"

"오빠가 공부를 해!"

"뭘 해? 공부를 해?"

'이게 대체 무슨 소린가? 누가 뭘 해? 우리 아들이 공부를 한다고?' 나는 내 귀를 의심했다. 그리고 그때 알았다. 내가 새벽마다 아들을 변하게 해달라고 그렇게 몸부림쳤지만, 변해야 할 사람은 바로 나였다는 것을. 내가 바뀌니 아들도 변하고 집안 분위기도 달라지기 시작했다.

"내가 너희에게 이르노니 사람이 무슨 무익한 말을 하든지 심판 날에 이에 대하여 심문을 받으리니 네 말로 의롭다 함을 받고 네 말로 정죄함을 받으리라"(마 12:36-37).

아들과 함께
새벽을
깨우는 엄마

이제 욕하지 않게 되었지만 아들이 못마땅한 건 여전했다. 아들이 달라져야 하는데, 저렇게 살면 안 되는데, 저 게으름을 어떡하지 하는 조바심이 아들에 대한 불만으로 쌓여 갔다. 못마땅한 아들의 모습을 고치고 싶어서 근질근질했다.

못마땅한 걸 참고 또 참으려 애를 쓰는데 아들에게 커다란 사건이 터졌다.

아들은 운동을 워낙 좋아해서 학교 축구 팀에 들어갔다. 그날도 운동장에서 하키 팀과 축구 팀이 연습을 하는데, 하키 팀 아이들이 자꾸 공을 축구 팀 쪽으로 보냈다. 아들이 짜증나서 축구공을 하키 팀의 한 아이에게 냅다 찼다.

그런데 마침 그 순간 하키 팀 아이가 뒤돌아보았고, 아들의 발에서 튕겨 나간 공은 그 아이의 얼굴에 정통으로 맞았다. 화가 난 하키 팀 아이가 달려와 아들의 멱살을 잡고 실랑이가 벌어졌다. 그러다 아들이 하키 팀 아이를 밀었는데, 하필 롤러블레이드를 신고 있던 아이가 머리를 바닥에 부딪치며 넘어졌다. 그 바람에 혀가 말려 들어갔고, 그것을 본 아들이 급히 손을 넣어 혀를 꺼내 다행히 목숨을 건질 수 있었다.

하지만 아스팔트에 머리를 심하게 찧으면서 기절하는 바람에 그 아이는 앰뷸런스에 실려 병원에 갔다. 현장에 있던 캐나다 아이 셋이 각각 다른 방에서 사건의 정황을 증언하는 사이 아들은 교장실에서 학교의 처분만 기다려야 했다.

나는 그것도 모른 채 볼일을 보다가 친구 엄마가 전화해서 알게 되었다.

"너무 놀라진 말고… 지금 학교에 가 보는 게 좋을 듯한데…."

친구 엄마의 말을 듣는 순간, 가슴이 쿵쾅거리기 시작했다. 그러는 중에 아들한테 문자가 왔다.

"엄마, 죄송해요. 저한테 일이 좀 생겼는데, 제가 해결해

볼 게요."

순간 정말 큰일이 일어났구나 싶어 서둘러 차에 올랐다. 그리고 먼저 간절히 기도했다.

"하나님, 아들에게 무슨 일이 생긴 겁니까? 주님 말씀하십시오. 제가 듣겠습니다."

그때 '율법만 가르친 바리새인'이라는 마음을 주셨다. 철저하게 율법만 가르친 바리새인 말이다. 뭐 하면 안 돼, 인사 잘해야 해, 똑바로 앉아, 예의 발라야 해, 만지지 마, 이것도 안 돼 그것도 안 돼 하면서 일일이 지적하고 내 잣대로 아이를 윽박지른 것이 오늘의 사건을 가져왔다는 생각이 들었다. 나는 다시 몸부림치며 하나님 아버지를 불렀다. 운전해서 학교까지 가는 40분 동안 쉴 새 없이 율법만 가르친 나의 잘못을 회개하며 엉엉 울었다.

"주님, 제가 이 아이를 이렇게 만들었습니다. 정말 제가 그렇게 했습니다. 다 제 잘못입니다. 이성미라는 제 이름에 혹시라도 누가 될까 봐 아이를 그렇게 키웠습니다. 잘못했습니다. 이 아이에게 무슨 일이 일어난다면 저는 견딜 수가 없을 겁니다. 제가 그렇게 만든 겁니다. 그러니 저를 먼저 벌해 주십시오. 제 잘못을 용서해 주십시오."

아들이 무사할 수만 있다면 어떤 벌이라도 달게 받겠다
고 울며 기도했다. 학교에 도착하자 선생님 한 분이 오시더
니 내게 살벌한 말을 전했다.

"당신 아들은 감옥에 가게 될 거고, 당신은 이 나라에서
추방당할 것이며, 앞으로 이 나라에 다시는 들어오지 못할
것입니다."

그런데 이상하게 나는 그 말이 전혀 두렵지 않았다. 오
히려 담담하게 "알았습니다. 달게 처벌받겠습니다. 고맙습
니다" 하고 대답했다. 교장실 쪽을 흘낏 보는데 마침 아들
이 바람을 쐬러 잠깐 나와 있었다. 아들이 하얗게 겁에 질
린 얼굴로 하늘을 바라보며 길게 한숨을 짓는데 순간 가슴
이 먹먹해지면서 왈칵 눈물이 쏟아졌다.

'내가 저 아이를 저렇게 만들었구나. 얼마나 무서울까?
얼마나 겁이 날까? 얼마나 두려울까?'

당장 달려가서 안아 주고 위로해 주고 싶었다. 그때 교
장 선생님이 들어오라고 부르는 소리가 들렸다. 나는 아들
과 함께 교장실에 불려 갔다. 거기에는 교장 선생님과 경
찰, 가디언도 함께 있었다.

나는 가슴이 쿵쾅쿵쾅 뛰어서 "주님, 도와주십시오. 주

님"하고 간절히, 내 평생 그때만큼 간절한 적이 없을 만큼 애타게 기도했다. 어떤 결과든 받아들이리라. 드디어 경찰이 아들을 보면서 입을 열었다.

"넌 참 행운아다. 세 명의 아이들이 모두 네가 때린 게 아니라 밀었는데 블레이드를 타고 있어서 뒤로 넘어진 거라고 말했다. 그래서 나라에서는 처벌하지 않기로 했다. 그러나 학교 차원에서는 아마 처벌이 있을 것이다."

그때 병원에 실려 간 아이가 깨어났다면서 무전으로 연락이 왔다. 그리고 우리 아들이 처벌받지 않았으면 좋겠다고 했다는 소식도 전했다. 순간 하나님 아버지께 감사의 기도를 드렸다. 나를 깨우치기 위해 이런 사건을 주신 것도 감사했고 아들을 구해 주신 것도 감사했다. 하염없이 눈물이 볼을 타고 흘렀다.

나는 아들과 함께 집에 돌아와 그대로 쓰러졌다. 그날은 아들도 나도 너무 힘들어서 아무 말도 할 수 없었다.

아들의 폭력 사건을 겪으면서 나는 참 많은 생각을 하게 되었다. 나 자신의 상처만 끌어안고 사느라 아들에게 정말 몹쓸 짓을 했다는 생각이 들었다. 나 자신이 그렇게 말로 상처받고 살았으면서 받은 만큼 똑같이 아들에게 말로 상처를 주었다는 걸 깨달았다.

이런저런 생각에 빠져 있는데 아는 엄마가 아들의 소식을 듣고 집으로 찾아왔다. 소식도 빠르지!

겨우 몸을 일으켜 그 엄마와 마주 앉았다. 그 엄마는 나를 위로할 겸 아주 중요한 얘기를 전하러 왔다. 마치 하나님이 내게 쐐기를 박는 것 같았다.

"많이 힘들지?"

"아니 괜찮아. 기운이 없어서 그래. 어쩐 일이야?"

"내가 왜 왔냐면 아들한테 잘해 주라고 말해 주고 싶어서. 사실 우리 아이한테도 그런 일이 있었거든. 근데 나는 그때 힘든 아들한테 나가 죽으라고 너무 못된 말을 했어. 난 지금 우리 아들이랑 원수가 됐어. 지금 너무 후회되는데 다시 만회하기가 힘드네."

그 순간 하나님이 내게 한 번 더 확인시키시는구나 싶어서 "네, 하나님 알았어요. 잘할 게요"라고 대답했다.

나는 몸을 추슬러 성경 공부하러 다녀와야겠다 싶어 아침을 챙겨 놓고 집을 나갔다. 성경 공부가 끝나고 시장을 봐서 집에 돌아왔더니 아들이 난리가 났다. 아들은 교장 선생님이 엄마를 보자는데 왜 전화를 안 받느냐고, 이 상황에서 성경이 눈에 들어오느냐고 따졌다. 그래서 자초지종을 설명했다.

"교장 선생님이 엄마를 보자는 게 아니라 엄마가 교장 선생님을 보자고 했어. 가서 무릎이라도 꿇으려고. 내가 잘못했다고 빌어서라도 네가 학교에서 처벌을 덜 받게 하려고."

그제야 아들은 흥분을 가라앉혔다.

나는 그날 아들에게 무엇을 해줄까 하다가 밥을 맛있게 차려 줘야겠다고 생각했다. 제대로 한 상 차린 뒤 아들을 부르니 아들은 밥을 먹지 못했다. 나중에 들은 말이지만, 아들은 쫓아내기 전에 마지막 진수성찬을 차려 주었다고 생각했단다. 엄마는 충분히 자기를 쫓아낼 사람이라고 믿고 있었단다.

나는 아들에게 밥 먹고 오라고 하고 먼저 방에 들어갔다. 아들은 조심스럽게 내 방으로 들어왔다.

"왜?"

아들의 첫마디는 퉁명스러웠다. 나는 아들에게 앉으라고 한 뒤 무릎을 꿇었다.

"엄마를 용서해라. 엄마가 잘못했다. 네가 이렇게 된 건 엄마 잘못이다. 엄마가 널 이렇게 만들어서 미안하다. 정말 미안해."

잠시 정적이 흘렀다. 그러더니 아들이 대성통곡을 했다.

"엄마, 내가 얼마나 힘들었는지 알아? 내가 이성미의 아들로 살면서 얼마나 힘들었는지 엄마 생각해 봤어? 엄만 나한테 한 번도 칭찬하지 않았잖아. 내가 잘하는 건 뭐든지 당연하다고 생각했잖아. 엄마가 나한테 언제 한 번 격려해 준 적 있어? 맨날 잘못한다고 야단만 쳤잖아. 엄마만 잘났잖아. 내가 얼마나 주눅이 들었는지 알아?"

할 말이 없었다. 그저 미안했다. 나는 그냥 아들을 부둥켜안고 꺼이꺼이 울었다. 그날 내 안의 상처가 씻겨 내려가는 것 같았다.

다음 날 새벽기도에 가려고 부리나케 집을 나서는데, 아들 방에서 뭔가 불쑥 나왔다. 깜짝 놀라서 "뭐야?" 했더니 아들이 새벽기도에 같이 가겠다고 따라나섰다.

"어? 왜?"

무슨 일이냐고 했더니 아들이 대답하기를, 엄마처럼 지랄 맞은 여자도 변하는 걸 보면 하나님이 살아 계신 게 분명하단다. 칭찬인지 욕인지 모르지만, 내가 생각해도 틀린 말은 아니었다.

아들은 그날부터 나와 함께 새벽기도를 다니게 되었다. 아이와 함께 새벽을 깨우는 일은 정말 행복했다. 꿈만 같았다. 내 기도도 바뀌었다.

"하나님, 너무 감사해요. 저를 깨우쳐 주셔서. 이런 날이 올 거라고 생각지도 못했어요. 정말 너무 좋아서 죽어도 여한이 없어요. 너무 감사합니다."

아들과 같이 찬양을 하며 새벽을 깨우다니 가슴이 벅차서 콧노래가 저절로 나왔다. 매일매일이 기쁨의 날이었다.

> "이제 인내와 위로의 하나님이 너희로 그리스도 예수를 본받아 서로 뜻이 같게 하여 주사 한마음과 한 입으로 하나님 곧 우리 주 예수 그리스도의 아버지께 영광을 돌리게 하려 하노라"(롬 15:5-6).

하마터면…

그렇게 아들과 함께 새벽기도를 다니던 어느 날, 아들이 말했다.

"엄마, 하나님이 날 부르셔!"

나는 대수롭지 않게 들었다.

"하나님은 다 부르셔. 나도 사랑하는 내 딸아, 그렇게 부르셨어. 그래서 엄마가 뒤집어진 거 아니니?"

그러자 아들은 그런 게 아니라면서 "하나님이 내가 목회하기를 원하시는 것 같아" 했다. 나는 놀랍기도 하고 믿기지도 않아서 "목회는 아무나 하는 게 아냐. 더 기도해 봐" 했다.

"엄마, 아무리 기도해도 그런 마음이야. 나 공부해 볼게."

며칠 뒤 아들의 입에서 이런 말이 나왔다. 울컥 눈물이 났다. 드디어 우리 가정에 명품이 나오는구나. 하나님이 귀하게 쓰실 아들이었구나. 너무 감사했다. 사실 나도 기도 중에 아들이 주의 길을 갈 것이라는 마음을 받았지만 아들이 그 음성을 들을 때까지 기다렸다. 그런데 아들이 하나님의 부르심에 순종하겠다고 나선 것이다. 얼마나 기쁘고 감사한지!

"고맙다. 하나님 음성을 듣고 순종해 줘서."

"어? 엄마 알았어? 근데 왜 얘기 안 했어?"

난 그때 얘기했다.

"엄마가 기도할 때 하나님이 그 마음을 주셨어. 그런데 내가 너한테 엄마가 받은 응답대로 하라고 하면 안 될 것 같았어. 네가 나중에 무슨 일이 생기면 엄마 맘으로 엄마 기도로 결정했다고 원망할지도 모르잖아. 네가 직접 결단해야지."

아들은 묵묵히 내 말을 듣더니 자기 방으로 들어가면서 한마디 했다.

"진작 얘기해 줬어도 갔을 텐데!"

그렇게 해서 아들은 신학공부를 하게 되었다. 아들은

가끔 "엄마, 나 이렇게 가도 돼?"라고 묻는다. 그러면 나는 이렇게 말해 준다.

"네가 좋은 거 해. 가장 행복한 거 해. 남을 위해서도 아니고 엄마를 위해서도 아니고 네가 좋은 걸로 해. 그리고 만일 목회를 하게 된다면 한 사람을 위해 목숨을 바칠 수 있는 사람이 돼."

나는 아들이 무엇을 해도 상관없다. 그 안에 기쁨만 있다면 괜찮다. 그 일로 본인이 행복하면 된다. 이 땅에 태어난 뜻을 찾아간다면 넘어져도 괜찮다. 넘어진 자리에 주저앉아 그게 끝인 양 울지만 않는다면 실패가 주는 많은 것을 젊은 나이에 누렸으면 좋겠다.

"엄마, 어떻게 하면 하나님 음성을 들어? 나도 가르쳐 줘."

아들은 내가 기도를 통해 하나님의 음성을 듣는 것이 신기한 모양이었다. 그리고 무슨 일만 생기면 머리를 디밀고 기도해 달라고 했다. 나는 그런 아들이 너무 기특해서 자주 기도해 주었다.

그러던 어느 날 하나님이 내게 이런 마음을 주셨다.

"이제 그만!"

아들이 엄마가 하는 말을 하나님의 말로 듣는 것이 위험하다는 신호였다. 그러고 보니 "엄마가 기도할 테니 너 머리 대" 했던 것이 생각났다. 기도 좀 한다고 까불었구나, 내가 점쟁이같이 굴었구나 싶었다. 그래서 아들에게 "이제 네 기도는 네가 해" 하면서 "하나님은 네가 하나님을 아버지로 의지하길 원하시는데 넌 언제부턴가 엄마를 아니 엄마의 기도를 의지하는 것 같아. 내가 너를 위해 중보는 하지만 너의 갈 길을 지시하지는 말라고 하셨어" 하고 설명해주었다.

아들은 내 말이 잘난 척처럼 들렸는지 언짢은 얼굴로 "알았어. 내가 한번 해보지 뭐. 나라고 못하라는 법 없잖아" 했다. 그리고 그날부터 아들은 방문을 잠그고 혼자 기도하기 시작했다. 밥 먹고 기도하고 또 들어가서 기도하고 며칠을 씨름하더니 어느 날부턴가 "엄마 나한테 말씀하신 단어야" 하면서 한마디씩 했다. 아들은 나를 따라잡기 위해(?) 몸부림을 치는 듯했다.

아들이 혼자 말씀 보고 기도하면서 성장하는 모습이 감사했다. 내가 기도 좀 한다고 아들이 스스로 기도하고 자랄 수 있는데 방해할 뻔했다. 나는 아들이 스스로 일어날 수 있도록 기도로 돕는 엄마가 되기로 했다.

　나는 가끔 혼자 이런 생각을 하면서 웃는다. 하마터면 내가 아들의 사이비 교주가 될 뻔했다고. 예수로 위장한 점쟁이 집사가 될 뻔했다고.

"엄만
사랑이
너무
많아졌어"

캐나다에 있을 때 막내가 울면서 내게 물었다.

"엄마, 엄마 일찍 죽어?"

"어? 그게 무슨 소리야?"

"친구들이 엄마가 나이가 많아서 일찍 죽을 거래. 엄마 진짜 일찍 죽을 거야?"

"막내야, 세상에 올 때는 순서가 있는데 가는 건 순서가 없어. 누구 엄마가 먼저 갈지는 하나님만 아셔!"

내가 나이가 많긴 많은 모양이다. 아이는 매년 내 나이를 세면서 나이가 너무 많다고 걱정을 한다. 하긴 마흔두 살 차이니 막내가 열여덟 살이면 난 예순이 된다. 그리고 나는 그 나이에 할 또 다른 큰 꿈을 꾸며 산다.

그런데 아이는 밤마다 날 위해 울며 이렇게 기도한다.

"하나님, 엄마가 나이가 너무 많아요! 일찍 죽지 않게 해주세요. 내가 많이 클 때까지 우리 엄마를 살려 주세요. 엄마는 나보다 마흔두 살이나 많아요! 하나님 제발…"

그 기도를 들을 때마다 웃음이 나면서도 눈물이 난다. 그래서 막내를 잘 야단치지 않는 모양이다. 하지만 아들은 늘 그게 불만이었다.

"엄마, 애는 그렇게 키우면 안 돼. 왜 나한테 하던 거랑 달라? 야단쳐! 혼내! 그렇지 않으면 버르장머리가 없어진다고. 난 엄마처럼 아이를 키울 거야. 그러니까 나 키우듯 엄하게 키우라고."

그럴 때마다 난 아들에게 이렇게 말한다.

"사랑하며 살기에도 시간이 모자라. 그냥 내버려 둬. 내 눈에 너희들과 사랑의 기억을 담기에도 시간이 모자라."

그러면 아들은 뒤돌아서며 까칠한 목소리로 한마디 한다.

"엄만 사랑이 너무 많아졌어. 옛날하고 너무 달라졌어. 애들 버르장머리 없어진다고."

그럴 때마다 난 아들에게 무지 미안하다.

"다 네 덕분에 배운 거야. 미안해. 내가 너를 통해 사람이 됐어. 그 대신 앞으로 더 많이 사랑하면서 살자. 내가 널 얼마나 사랑하는지 알지?"

"무엇보다도 뜨겁게 서로 사랑할지니 사랑은 허다한 죄를 덮느니라"(벧전 4:8).

첫째한테 배운 노하우로 둘째와 셋째는 거저 키웠다. 아이들을 야단치기보다 칭찬하고 격려하게 되었다. 시험에서 40점을 받아 온 아이에게 "와우, 40점이나 맞았어? 잘 했어. 틀린 거 복습만 해. 그럼 넌 100점 맞은 아이랑 똑같아. 어차피 틀린 건 어쩔 수 없잖아" 하자, 아이는 쪼르르 가서 복습을 했다. 그리고 와서 내 허리를 안으며 "엄마, 고마워" 했다. 왜냐고 물어보니 아이는 이렇게 대답했다.

"엄마, 나 많이 힘들었어요. 점수가 나빠서. 그런데 엄마가 화를 안 내시니 더 힘들었어요. 열심히 할게요."

"왜? 엄마가 무서워서?"

"아뇨. 그냥 제 자신에게 실망했는데, 엄마는 내게 칭찬해 주시니까 힘들더라고요."

아이는 다음 시험에서 80점을 받아 왔다.

"어떻게 이렇게 잘했어? 와우!"

나는 엄지손가락을 치켜 올렸다. 그러자 아이는 자랑스럽게 말했다.

"엄마, 잘하고 싶다는 마음이 생기니까 이렇게 할 수 있었어요."

그러더니 자기 방으로 쪼르르 달려 가서 틀린 문제를 복습했다. 그때 나는 아이한테 또 배웠다. 스스로 느낄 때까지 기다려 줘야 한다는 걸. 부모들은 아이들이 좋은 점수를 보여 주기 위해 너무 애쓰도록 만든다.

시험을 잘 보면 아이들의 목소리가 커지고 시험을 잘 못 보면 아이들의 목소리가 기어 들어간다. 시험을 못 본 것이 죄가 아닌데도 우리는 우리 아이들이 스스로 죄인이라 여기게 만들고 있다.

나는 아이들이 자신감을 잃어 가는 것이 안타깝다. 아이들이 부모에게 보여 주기 위해 모든 걸 맞춰 나가는 것이 너무 안쓰럽다. 꿈도 부모가 꾼다. 아이들은 그것이 무슨 꿈인지도 모른 채 끌려가고, 내 미래가 아닌 부모의 과거를 보상해 주기 위해 로보트처럼 움직여지고 있다.

나는 아이들을 이미 하나님께 내어 드렸다. 아이들은

그저 낄낄거리고 웃기 바쁘다. 쓸데없이 조잘거려도 그저 같이 맞장구쳐 주고 들어 준다. 뭐든 받아 줄 수 있는 쓰레기통 엄마가 되기로 했다.

사랑을 받아 본 아이들이 자라서 사랑을 주는 어른이 된다는 걸 알기 때문이다.

사람이
일류여야지

    나는 아들이 고3일 때도 특별히 대입을 위해 기도하지 않았다. 막연히 가면 좋고 안 가도 또 다른 길이 열릴 것이라고 믿었다. 그저 본인이 알아서 앞날을 헤쳐 나가기를 바랐다. 그래서인지 고3 엄마의 스트레스도 딱히 없었다. 사람들은 무슨 엄마가 그러냐고 하지만, 내가 워낙 공부하기를 싫어해서 아이들에게 강요하지 않는다.

    그런데 아들은 나와 관계를 회복하고 나서 가장 먼저 일류 대학을 가고 싶다고 했다. 그동안 엄마 속을 썩였으니 좋은 대학에 들어가서 보답하고 싶다는 것이다. 그 말에 감격스러워 눈물이 났다. 말만 들어도 좋았다. 좋은 대학을 가든 안 가든 그런 마음을 가져 준 아들이 너무 고마웠다.

그래서 기도하기 시작했다.

"하나님, 아들이 어느 대학을 가면 좋을까요? 하나님이 원하시는 길로 인도해 주세요."

몇 날 며칠을 기도하는데 하나님은 나에게 평안을 주셨다. 너무 행복했다. 아들이 어느 대학을 가든 좋았기에 아들이 스스로 결정할 때까지 기다렸다. 아들은 내가 받은 응답과 다른 학교에 원서를 넣고 기다리는 눈치였다. 캐나다 밴쿠버에서 이름난 두 대학에 넣은 것이다. 그런데 기다려도 두 군데 다 연락이 오지 않았다. 어떻게 할까 눈치를 보는데 마침 하나님이 응답하신 대학의 브로셔가 집에 있었다.

"아직 연락 안 왔어? 그럼 이 학교에 넣어 보면 어때?"

"아니, 거긴 안 갈 거야. 아직 시간이 있으니까 기다려 볼래."

나는 "하나님, 아니라는데요? 안 간대요" 하면서 좀 더 기다려 보았다. 2~3일이 지난 후에도 대학에서 연락이 오지 않자 아들은 애가 타는 것 같았다. 나는 다시 조심스럽게 브로셔를 건네며 말했다.

"여기 한 번 넣어 봐."

"엄마, 여긴 안 간다니까!"

나는 얼른 하나님께 일러바쳤다.

"하나님, 애가 안 간대요. 저한테 뭘 보여 주겠다는데 기다릴게요. 아이 마음을 꺾을 순 없잖아요. 저 참 기특하죠?"

그런데 그날 아들은 새벽 1시에 집을 나섰다. 어디 가냐니까 불안해서 엄마가 말한 그 학교에 원서를 넣으러 간다고 했다.

"아싸! 하나님, 드디어 아들이 간대요!" 하고는 잠을 청했다. 아침에 새벽예배를 다녀와 나머지 두 아이들을 학교에 데려다주고 돌아오니까 아들이 방에서 나오며 한마디 툭 내뱉었다.

"에이씨, 엄마. 그 학교에서 연락 왔어. 됐다는데? 뭐 그런 학교가 다 있어? 그 학교 삼류 아냐?"

그런데 내 입에서 뜻밖에도 이런 말이 나왔다.

"네가 생각하는 일류 대학에 가서 네가 엉망으로 살면 그 학교는 삼류야. 그런데 네가 삼류라고 생각하는 대학에 가서 네가 일류가 되면 그 학교는 일류가 되는 거야. 학교가 아니라 사람이야."

이렇게 말해 놓고 나서 나 자신도 놀랐다. 이 말은 내 생각에서 나온 말이 아니었다. 하나님이 주신 지혜의 말이었다. 우리는 좋은 학교라 하면 이름난 학교, 명문이라 소문난 학교를 생각한다. 하지만 하나님이 생각하는 좋은 학교는 그런 것과 달랐다. 그렇게 해서 아들은 트리니티대학에 들어가게 되었다.

그런데 입학 시즌이 되었는데도 입학식에 오라는 말이 없었다. 물어봤더니 벌써 입학식이 끝났다는 것이다. 한국 같았으면 꽃단장하고 축하해 주러 부모들이 더 들떠서 입학식에 가는데 여긴 너무 조용하게 지나갔다. 내심 섭섭했다.

"하나님, 그래도 아들이 대학을 갔는데 땅 밟기라도 해야 되는 거 아닌가요?"

새벽에 섭섭해서 이렇게 기도했더니 이틀 뒤 아들이 오전 10시쯤 전화해서 부탁이 있다고 했다. 두 달 동안 면허 정지를 당해서 학교까지 데려다 주고 데리러 와야 한다는 것이었다. 오 마이 갓! 난 그냥 땅 밟기하고 싶다고 했는데, 며칠이라고 말하지 않았더니, 맙소사 두 달이나 해야 한다는 것이다! 그래도 기쁜 마음으로 "그러마" 했더니 아들이 화도 안 내는 내가 이상했는지 의아해하기에 그럴 일이 있다고만 대답해 줬다.

두 달 동안 나는 아들이 학교에 들어가면 나 혼자 남아 말씀 보고 찬양하고 기도하며 시간을 보내다가 수업이 끝난 아들을 싣고 집으로 돌아왔다. 막연한 내 기도에도 놓치지 않고 응답하시는 하나님께 감사했고 그렇게 사용하시니 너무 기뻤다. 학교에 오가면서 아들과 이런저런 얘기를 나누는 것도 즐거웠다. 그동안 하나님과 함께한 시간들을 나누기도 하고 아들의 신앙 상담도 하고 함께 찬양도 하느라 아들보다 내가 더 학교 가는 길이 즐거웠다.

아들과 함께 학교에 다닌 지 두 달 가까이 된 어느 날이었다. 어떤 분이 아는 척을 하며 왜 매번 학교에 오냐고 물었다. 자초지종을 설명하니 놀라운 사실을 말해 주었다. 트리니티대학이 유일하게 동성애를 인정하지 않아서 국가 지원이 끊어졌고 그래서 형편이 어려워졌다는 것이다. 나는 그 얘길 듣는 순간 하나님이 왜 나를 이곳에 보내셔서 기도하게 하셨는지 알 것 같았다. 하나님은 내 입술의 고백을 하나도 놓치지 않으신다. 그리고 나 같은 사람도 도움이 된다고 기도하게 하시니 감사하다.

"주님, 부족하고 아무것도 아닌 저를 써 주셔서 감사합니다."

좋은 것은
기다릴 때
기쁨으로
받을 수 있다

나는 물건을 사러 갈 때 한 군데만 가지 않았다. 가격이
다 달라서 메모지를 가지고 다니며 일일이 따져 적었고 어
디서 샀는지 기억하기 위해 영수증은 절대 버리지 않았다.
컬러펜으로 표시해 두었다가 색깔별로 따로 보관했다. 영
수증만 있으면 한 달 안에 바꿔 준다는 걸 터득한 뒤, 세일
기간에 영수증을 들고 가서 싸게 구입했다. 한 푼이라도 절
약해야 했다. 신문에 딸려 오는 쿠폰이란 쿠폰은 다 모아서
별명이 '쿠폰 부인'이었다.

옷은 세금이 하나밖에 안 붙는 아동복을 사서 입었다.
그런데 수영장 사건 이후 절대 아동복을 입지 않기고 마음
먹었다. 어느 유명 브랜드에서 아동 수영복을 9.99달러에

사서 수영장에 입고 간 적이 있다. 물속에서 신나게 놀고 있는데, 잠시 후 세 살가량의 아이와 열두 살가량의 아이가 내가 입은 수영복과 똑같은 것을 입고 있는 것을 발견했다. 으악! 나는 그날 물속에서 나가지 못했다. 아이들이 "엄마 안 힘들어?", "엄마, 안 나가?" 하고 물었지만 "어, 엄마 오늘 끝까지 놀아 보려구…" 하면서 코피가 나도록 물속에서 놀아야 했다. 몇 푼 아끼려다 내 몸이 으스러질 뻔했다. 그날 이후 절대 몇 푼 아끼겠다고 애들 옷을 사 입지 않기로 했다.

그런데 그 후로도 아무 생각 없이 아동복을 사고 신발까지 아동용으로 사러 매장을 돌다가 아차 싶어 정신없이 뛰어 나온 적이 있는가 하면, 학교에 아이를 데리러 갔다가 4학년쯤 되어 보이는 아이가 나랑 똑같은 윗도리를 입고 나와서 민망한 적도 있었다.

어느 날은 아이들끼리 하는 대화를 듣게 되었다.

"언니, 이거 예쁘지?"

"어, 예쁘다. 입어 볼래? 가만, 어디 보자. 어? 근데 이거 세일하는 게 아니잖아. 너 어디서 골랐어?"

"저기."

"야, 거긴 정품이잖아. 이쪽 세일하는 데서 봐야지. 1+1 이나 빨간 딱지 붙은 걸 사야지. 정품은 며칠 뒤 세일하면 그때 사. 그때 와서 없으면 네 거 아닌 줄 알고."

으악! 둘째가 막내한테 나에게서 들은 대로 말하고 있었다. 아이들은 어른의 입이 아니라 뒤통수를 보며 배운다는 게 이런 거구나 했다. 아이들은 어딜 가도 덥석덥석 물건을 잡지 않는다. 마음에 들어 만지작거리다가 그냥 돌아서 나온다.

간혹 내가 "사! 엄마가 사 줄게" 하면 아이는 "엄마, 너무 비싸요. 엄마 건 비싼 게 없잖아요" 하면서 오히려 나를 잡아끈다. 그럴 때면 한편으론 고맙고 한편으론 미안해서 울컥한다. 때로 잘 기억해 뒀다가 생일이나 크리스마스 때 선물하기도 한다. 그러면 아이는 너무 기뻐하며 "감사합니다. 잘 쓸게요. 잘 입을 게요" 하며 나를 꼭 안아 주고 몇 번이고 인사를 한다.

마음대로 물건을 사지 못하는 게 안쓰럽긴 해도 기다리고 인내할 때 기쁨이 더 크다는 걸 알게 해 줬으니 그것으로 됐다. 비싸든 싸든 무조건 사 주는 게 능사가 아닌 것이다.

작은 것이지만 나는 아이들에게도 절제와 기다림을 가

르쳐 주고 싶었다.

　나는 부자로 사는 것이 잘사는 게 아니고, 가난하게 사는 것이 못 사는 게 아니라 행복하게 사는 것이 잘사는 거라고 배웠다. 나는 부자로 사는 것보다는 삶의 질이 더 중요하다고 생각한다. 그래서 우리 아이들을 그렇게 잘사는 아이들로 키우고 싶다.

별세계에서
온 한국인들

　나는 사람들에게 유학이든 외국 생활이든 쉽게 생각하지 말라고 말해 준다.

　"1년은 소풍 가서 훑고만 오는 거고요, 2년은 수학여행 가서 좋은 곳만 보고 오는 거고요, 3년은 살기 시작한 거고요, 5년은 완전정복이고요, 7년은 완전 빠꿈이에요!"

　나는 캐나다에서 완전 빠꿈이가 되어서 돌아오게 되었다. 7년 정도 사니 정말 캐나다 사람이 다 된 것 같았다. 뭐든 알아서 척척 할 수 있게 되었다. 그런데 때로 인터넷으로 검색하고 아는 사람들에게 이런저런 얘기를 들은 사람들이 그곳에서 사는 사람들보다 더 아는 척하는 것을 본다.

　나는 한국 사람이 많다는 코퀴틀람(Coquitlam)이라는 곳에서 살았다. 그곳은 캐나다 사람보다 한국 사람이 훨씬 많다. 오죽하면 캐나다 아이가 동양인이 많아서 무섭다고 전학을 갔겠는가.

어느 날 한국에서 왔다는 유학생 엄마를 만나게 되었다. 웨스트 밴쿠버라고 좀 있는 사람들이 사는 지역에 아이를 데리고 유학 왔다고 했다. 그런데 보자마자 내 기분을 상하게 했다. 이것저것 엄청 자랑을 해댄 것이다.

"코퀴틀람에 사세요?"

"네."

"아니 거기 되게 위험하다던데? 어떻게 그런 동네에서 사세요?"

그 유학생 엄마는 마치 우리가 무법천지에서 사는 것처럼 말했다. 순간 훅 하고 뭐가 올라왔다.

"네에! 저희 총 차고 다녀요. 보안관도 있어요. 그렇게 무서운데 어떻게 여기까지 놀러 오셨어요? 밤이면 더 험악할 텐데" 했더니 아무 말 없이 가겠노라고 했다. 멀리서 왔다고 고기까지 사 주며 대접한 게 그렇게 아깝긴 처음이었다.

그리고 6개월 뒤 그 엄마와 아이가 쫓겨났다는 소문을 들었다. 아이들 간에 위화감을 조성했다는 게 이유였다. 학교에서 필요한 것들을 전부 명품으로 사주고 요란을 떨다가 문제가 된 모양이었다. 이외에도 여러 문제가 있었던 모양이다.

이처럼 한국에서 온 엄마들 중에는 간혹 유난스러운 사람이 있다. 학교에 올 때 향수를 사용하지 말라고 그렇게 당부하는데도 엄청 뿌리고 나타나서 향수 알레르기가 있는 어느 선생님이 쓰러져 앰뷸런스에 실려 가는가 하면, 촌지는 절대 안 받는다고 해도 굳이 주려다가 망신을 당하기도 한다. 학교에 나타날 때마다 모피와 명품을 두르고 요란을 떨며 오는 엄마도 있다.

그들은 단지 사람들의 구경거리가 될 뿐인데도 아랑곳하지 않았고 가르쳐 줘도 듣지 않았다. 그런 엄마들의 자녀들은 캐나다에 1년 동안 있으면서 오로지 공부만 하고 갔다. 학교 수업 마치면 학원, 학원 끝나면 한국 교과 공부를 했다. 새벽 1시까지 영어책, 한국책과 씨름을 했다. 아이들이 지쳐서 힘들어하는데도 엄마들은 포기를 몰랐다. 매년 그렇게 별세계에 사는 것 같은 한국 엄마들이 들어오고 나가고 했다. 캐나다에 와서도 쉼 없이 그저 아이들을 공부에 묶어 놓았다.

　어느 날 집 앞에 나갔다가 옆집 남자가 말을 걸었다. 어느 나라에서 이민 왔느냐고 해서 한국에서 왔다고 했더니 조심스럽게 남편은 어딨냐고 물었다. 한국에 있다고 했더니 그런데 왜 같이 안 사느냐고 물었다. 순간 말문이 막혔다. 뭐라고 말해야 하나 망설이는데, 그가 이렇게 말했다.

　"한국 사람들은 참 이상하다. 이혼한 것도 아니고 남편이 죽은 것도 아닌데 애들 공부시킨다고 따로 떨어져 살다니 이해할 수 없다. 아이들 교육보다 부부가 먼저 아닌가?"

　그의 말을 듣고 부끄러웠다. 어느 날부터인가 모든 게 아이들에게만 맞춰져 부부관계가 망가지고 있다는 걸 느끼고 있던 때였다. 하나님이 어서 한국으로 돌아가 남편과 하나가 되라고 말씀하시는 것 같았다.

한국엔
왜 밤이
없어요?

어느 날 막내딸이 너무 말을 안 들어서 혼내려고 방으로 불렀다. 회초리를 가져온 아이에게 차근차근 따져 물었다. 아이들은 소리 지르는 엄마보다 차분하게 따지는 엄마를 더 무서워한다.

"엄마가 왜 매를 가져오라고 했는지 알아?"

"아니오. 잘 모르겠어요."

"그럼 지금부터 엄마 말 잘 들어. 넌 네 언니 말을 안 들었고 언니는 네 친구가 아니고 앞으로 언니 말을 또 안 들으면 용서하지 않을 거야. 엄마 말 알았어, 몰랐어?"

그런데 막내는 "엄마, 나 몰랐어요" 했다. 내 말은 내 말을 알아들었느냐는 뜻인데 아이는 한국말이 서툴러서 잘못한 사실을 몰랐다는 뜻으로 이해했다. 나는 다시 물었다.

"그럼 엄마가 여태까지 무슨 말했어?"

아이의 대답을 듣는 순간 나는 입을 다물 수가 없었다.

"한국말이요."

으악! 막내는 점점 한국말을 이해하지 못하고 있었다. 태어난 지 14개월째에 캐나다로 갔으니 한국말을 잊어버리는 건 어쩌면 당연했다. 하지만 나는 가슴이 철렁 내려앉았다. 그동안 집에서는 한국말만 쓰도록 하면서 아이들이 한국말을 잊어버리지 않게 하려고 애를 썼건만 역부족이었다. 이제 우리 집도 영어를 하는 아이와 한국말을 하는 엄마로 나뉘게 되었다. 아이들은 한국말을 알아듣기는 하지만 영어가 훨씬 편해진 것이다.

그러다 한국으로 다시 돌아오자 막내는 한국을 너무 낯설어했다. 어느 날 밤에 막내는 어리둥절한 표정으로 물었다.

"엄마, 한국엔 왜 밤이 없어요?"

"어? 그러고 보니 정말 밤이 눈부시게 밝구나."

오랜 시간을 밤은 밤이고 낮은 낮이던 캐나다에 익숙한 아이는 한국의 현란한 밤을 이해할 수 없었다. 그리고 한국에 오자마자 촬영을 위해 진하게 화장하는 나를 묘한 표정으로 바라봤다. 그러더니 근심 어린 목소리로 내게 물었다.

"근데 엄마, 엄마가 한국에 와서 이상해졌어요."

"그게 무슨 소리야?"

"엄마는 왜 얼굴에 화장을 하고 어디 가요? 왜 밤늦게 들어와요? 캐나다에선 그렇게 안 입고 다니더니 여기 와선 왜 그렇게 입고 다녀요?"

나는 예전의 내 자리로 돌아왔을 뿐인데 막내에겐 그런 내가 너무 낯선 모양이었다. 그러자 둘째가 옆에서 웃고만 있는 나 대신 대답한다.

"엄만 연예인이야. 엄마가 어디 놀러 가는 게 아니라 일하느라 화장하는 거야."

막내는 여전히 어리둥절한 얼굴로 말했다.

"난 엄마가 화장하고 나가는 거 이상해. 싫어. 그냥 화장 안 한 캐나다 엄마가 좋아."

막내는 엄마를 잃어버린 심정인 모양이었다. 그 기분이 무엇인지 알 것 같았다. 그래서 나는 더러 아이들을 데리고 녹화하러 갔다. 둘째가 옆에서 내가 하는 일을 이해시켜 주고, TV에 나온 나를 보고, 나를 따라 방송국을 다니더니 막내는 어느 날 내게 수줍게 말했다.

"난 엄마가 연예인인 줄 몰랐어요. 엄마가 유명해서 너무 좋아요. 엄마 덕분에 유명한 연예인도 만날 수 있잖아요. 엄마 멋있어요!"

"그럼 엄마 화장해서 예뻐?"

"아니요. 그건 아직도 이상해요. 난 엄마가 화장 안 한 그냥 얼굴이 더 좋아요! 근데 엄마가 달라진 건 아니니까 난 이제 괜찮아요."

거 참! 그러고 보니 나는 한국을 떠난 뒤 화장도 한 번 안 하고 청바지에 티셔츠만 걸치고 다녔다. 막내가 아직도 화장한 내 얼굴이 낯선 것도 무리가 아니었다. 얼마 후 내가 추리닝을 입은 채 밖에 나가려니까 막내가 나를 붙잡으며 한마디 한다.

"엄마, 그러고 나가려고요? 여긴 한국인데 옷 갈아입고 가요. 사람들이 엄마 알아보잖아요!"

그러는 막내가 너무 웃겨서 한참을 웃다가 왜그래야 하냐고 물었다.

"한국 아줌마들은 다 멋있게 입고 다니니까요."

나도 한국 엄마들은 멋쟁이라고 생각했는데 막내도 그걸 느낀 모양이었다. 그러곤 막내는 조심스레 내게 한마디 던진다.

"여긴 한국이잖아요. 그리고 엄만 연예인이잖아요. 엄마도 멋내고 다녀요!"

비교하는
순간
행복은
날아간다

나는 아이들이 싫다고 하면 굳이 강요하지 않는다. 아이들이 원하는 걸 시키겠다고 마음먹었고 또 그렇게 했다. 밑 빠진 독에 물 붓는 어리석은 짓은 하지 말자고 결심했기 때문이다.

아들한테는 딱히 공부를 시킨 게 없다. 다만 워낙 운동을 좋아해서 축구, 농구, 테니스, 수영 등 하고 싶다는 운동은 다 시켜 주었다.

내가 아이들을 이렇게 키우니까 주변에서 걱정을 많이 했다. 아무리 그래도 악기 하나는 가르쳐야 한다고 훈수를 두곤 했다. 엄마들 모임에 나가면 아이들한테 뭘 가르치냐고 묻는데 나는 할 말이 없었다. 마냥 놀리기만 하니까. 아이들이 놀다 지쳐 자기 직전까지 놀았으니까.

그런데 어느 날부턴가 엄마들의 걱정 바이러스가 내게 전이되어서 피아노를 가르쳐야겠다고 생각했다. 아이들이 싫다는데도 "기본으로 배워야 한다더라", "너희 나중에 후회한다", "다른 건 안 해도 되니까 피아노 하나만 치자" 하고 꼬여서 피아노를 시작하게 되었다.

둘째를 피아노 앞에 앉혀 놓으니 아이가 몸을 뒤틀었다. 하기 싫다는 걸 억지로 자리에 앉혀 놓으니 실력은커녕 진도도 나가지 않았다.

1년이 지났는데도 여전히 피아노 앞에서 온몸을 뒤틀고 몸부림쳤다. 그럼에도 나는 치기 싫다는 아이를 붙들고 조금만 더 견뎌 보자며 6개월을 더 버텼다. 하지만 피아노 앞에만 앉으면 슬퍼지는 아이를 보자 더 이상은 효과도 진전도 없겠다 싶어서 아이에게 물어보았다.

"너 진짜 하기 싫으냐?"

"응, 엄마. 안 하고 싶어. 피아노 재미없어."

"그래? 그럼 관두자. 그 대신 나중에 엄마한테 왜 그때 야단을 쳐서라도 가르치지 그랬냐고 말하지 마. 네가 안 한다고 한 거다."

그날로 피아노를 그만뒀다. 그런데 그러면 마음이 편할 줄 알았는데, 여전히 내 마음이 불편했다. 왜 그런가 따져 보니, 아이들 친구들이 우리 집에 오면 으레 피아노를 뚱땅거리며 치기 때문이었다. '쟤는 저렇게 잘 치는데…' 하며 딸과 비교하면서 은근히 화도 났고 부럽기도 했다.

어떤 엄마는 내 속도 모르고 아이더러 피아노 쳐 보라면서 자랑질을 했다. 그러면 또 화가 나고 부럽고 비교하기 바빴다.

'아니, 왜 우리 집에 와서 피아노를 치는 거야? 자기 집에서 치면 되지. 왜 자랑하고 난리야.'

이렇게 씩씩거리다가 문득 그 엄마들은 돈을 들여 가르쳤으니 그렇게라도 누군가에게 자랑해야 기쁨을 맛보는구나 하는 생각을 했다. 내 기쁨은 그들과 달라야 한다는 데 생각이 미치자 비교가 모든 것을 무너지게 하는구나 싶었다.

그러던 중에 아는 선교사님이 피아노가 필요한데 형편이 어려워 사지 못한다는 얘길 들었다. 나는 그분께 피아노를 드려야겠다 싶어 급히 연락처를 알아내 전화를 드렸다. 그분은 기쁜 마음으로 영문도 모른 채 눈썹을 휘날리며 피아노를 가지러 오셨다. "감사합니다"를 몇 번이나 했는지 모른다. 하지만 오히려 내가 무지 감사했다.

나는 그날 찬양을 불렀다.

"평화 평화로다 하늘 위에서 내려오네."

하마터면 비교의 덫에 걸려서 아이들의 마음을 아프게 하는 엄마가 될 뻔했다. 아이들은 피아노를 못 쳐도 불편함 없이 너무 행복해하며 지금까지 아무 문제없이 잘 살고 있다.

한국에 와서 보니 아이들이 잘하건 못하건 어릴 때부터 비교당하며 자라고 있었다. 다섯 살 어린 아이가 무슨 배울게 그리 많은지 학원버스를 타고 뺑뺑이를 돈다. 누구 애는 뭐를 배운다더라, 누구 애는 어느 학원에 가서 성적이 얼마큼 올랐다더라, 누구네 자식은 어느 대학에 들어갔다더라, 엄마들은 이렇게 끊임없이 비교하면서 아이들을 들들 볶는다.

"비싼 돈 주고 학원에 보냈더니 어째서 성적이 오르지 않는 거야?"

"네 머리는 도대체 누굴 닮은 거야?"

"조금 더 열심히 공부해야 ○○를 이기지."

심지어 교회 목사님조차 아이들한테 "너 공부 잘하니?" "너 이번에 좋은 대학 들어갔다며?" 하고 묻는 것이 인사가 되어 버렸다.

나는 엄마들과 어른들에게 학창 시절 성적표를 보여 달라고 말하고 싶다. 얼마나 대단히 공부를 잘했으면 아이들을 공부로 기죽이나 싶어서다. 아이들이 얼마나 불편한지, 얼마나 힘들어하는지 한 번만 생각해 주면 참 좋겠다. 교회에서라도 공부와 상관없이 아이들의 기를 살려 줬으면 좋겠건만, 누구 아들은 엄마가 기도 열심히 해서 어느 대학에 들어갔네 하는 말을 자랑스럽게 한다. 그럼 아이가 대학에 떨어지면 기도 열심히 하지 않은 엄마 탓인가? 과연 하나님이 좋은 대학에 들어가야 기뻐하실까?

수능이 며칠 안 남으면 엄마들은 악을 쓰며 기도한다. 수능 시험이 있는 날이면 엄마들도 시험 시간에 맞춰서 기도한다. 하지만 나는 안다. 하나님은 성적과 상관없이 우리 아이들 자체를 소중하게 여기신다는 것을. 좋은 대학에 가는 것보다 좋은 아이가 되기를 원하신다는 것을. 제발 기도하는 엄마들이라도 아이들을 그냥 놔 주었으면 좋겠다. 자기가 이루지 못한 것들을 아이들을 통해 이루려고 하는 기도는 그만했으면 좋겠다.

많은 부모가 자녀를 모세처럼 다니엘처럼 요셉처럼 되게 해달라고 기도한다.

고난 없이 모세가 되고 다니엘이 되고 요셉이 되게 해달라며 고난 없는 축복만 바란다. 만약에 애들이 40년 방황하고 감옥에 가고 남의 나라에 팔려 간다 해도 자녀가 성경 속에 인물이 되기를 원할까? 실제로 그 고난을 받으면 엄마들은 이렇게 항의성 기도를 할거다. 복달라고 했지 누가 이런 고생 시키게 해달라고 했냐고.

　나는 안다. 고난 없는 축복이 없다라는 걸.

"이제
그 손 내게
주렴"

아들이 초등학교 4학년 때 커서 뭐가 됐으면 좋겠냐고 내게 물었을 때 나는 이렇게 말했다.

"네가 좋은 거, 행복한 거 해. 만약 네가 청소부가 되어 길을 깨끗이 치우고 나서 행복을 느낀다면 그걸 하면 되는 거야."

그런데 아들은 말귀를 못 알아듣고 엉뚱하게 "그럼 청소부가 되라고?" 하고 되물었다. 내가 다시 "네가 좋은 거, 행복한 거 하라고!"라고 말했으나 아들은 그 말뜻을 이해하지 못하는 것 같았다.

며칠 후 아들은 "엄마, 나 축구할까, 골프할까?" 하고 물었다. "그냥 축구해라" 했더니, "왜? 돈이 많이 들어서?" 했다. 순간 뜨끔했지만 솔직하게 말했다.

"솔직히 축구는 반바지랑 신발만 있으면 되지만 골프는 공 하나 칠 때마다 돈이 들잖아!"

그러자 아들은 곧 나를 공격했다.

"엄마는 행복한 거 하라면서 돈 따지는 것 좀 봐."

나는 할 말을 잃었다.

그렇게 티격태격하던 아들은 훗날 신학을 하기로 했다. 그즈음 나는 한국행을 결정했다.

나는 한국에 오기 전 아들과 같이 예배 드리러 다녔다.

'이런 아이를 혼자 두고 와야 하다니.'

아들을 혼자 두고 올 생각을 하니 마음이 무거웠다. 얼마 안 있어 헤어질 생각을 하니 눈물만 나왔다. 나는 아들과 손을 잡고 찬양을 했다. 아니 그냥 눈물만 흘렸다. 목이 메어서 찬양을 할 수가 없었다.

"아이가 잘할 수 있겠죠?" 하는데 하나님은 "이제 네 손 잡게 하지 말고 내 손잡고 가게 하여라" 하셨다.

"하나님, 아직은 제가 잡고 갈게요."

"아니, 이제 그 손 내게 주렴."

나는 꺼이꺼이 울며 아들의 손을 꽉 잡았다. 아들은 내게 왜 그러냐고 물어보았다.

"하나님이 너더러 이제 엄마 손 잡지 말고 하나님 손 잡으래. 엄만 자신 없어."

아들은 내 어깨를 토닥이며 "엄마, 해볼게" 했다.

나는 그렇게 아들을 하나님 손에 넘기고 한국으로 왔다. 아들은 이후 철저하게 하나님 손만 잡고 가도록 훈련되었다. 나도 아들이 주님께 붙들림 받길 원했기에 모든 걸 끊었다.

어느 날 아들이 편지를 보내왔다.

"엄마, 엄마가 예수님 믿고 순교할 수 있다고 했을 때, 난 엄마가 예수님한테 미쳤다고 생각했어요. 그런데 내가 주님을 만나니 나도 순교할 수 있을 거 같아요. 엄마, 고마워요. 믿음의 선배가 되어 주셔서 감사합니다."

아들의 편지를 받고 나서야 나는 내가 왜 주님께 아들을 맡겨야 하는지를 비로소 알게 되었다. 아들은 서툴지만 이제 주님 손에 이끌려 가고 있다.

"주님, 감사합니다. 아들 손 잡고 가 주셔서."

나실인으로
살기

"엄마, 다른 애들은 다 보는데 왜 우리는 못 보게 해?"

한동안 십대들이 책이든 영화든 드라큘라와 사랑 이야기에 빠져 있을 때 나는 그와 같은 내용의 책도 영화도 금지했다. 무섭고 잔인하고 귀신과 사랑에 빠진 비기독교적인 것들은 보지 못하게 한 것이다. 그러자 아이들이 물었다.

"다른 애들은 다 보는데 왜 나만 못 봐?"

"너도 보고 싶어?"

"그게 아니라 나만 안 봤다니까. 애들이 왜 안 보냐고 해서 영화가 좀 그렇다니까 교회 다니는 애들도 다 봤다고 괜찮다잖아. 왜 우리만 안 돼?"

나는 차근차근 안 되는 이유를 설명해 주었다.

"너무 미안한데, 모두 다 한다고 해도 나 혼자만이라도 안 해야 되는 게 있어. 그 영화는 너희들에게 나쁜 영향을 줘. 엄마가 다른 거 못하게 하지 않잖아."

"그렇지."

"미디어는 영향력과 파급력이 커. 그런데 미디어가 건전하기보다 비기독교적이고 무섭고 자극적인 방향으로 흘러가잖아. 엄마 혼자 힘으로 그런 미디어를 막을 수는 없지만 적어도 너희만큼은 미디어의 나쁜 영향으로부터 지켜 주고 싶어. 너희는 미디어 쪽에선 나실인처럼 살았으면 해. 힘들지만 지켜 내면 좋겠어."

내 얘기를 듣고 아이들은 "나실인 참 어렵다" 하면서 방으로 돌아갔다.

이후로도 우리는 현실에서 부딪치는 많은 일들 중에 해야 할 것과 하지 말아야 할 것을 함께 나누고 성경 속에서 답을 찾고 고민한다. 혼란한 이 시대에서 그렇게 하지 않으면 구별된 삶을 살기 어렵다. 성경에 비춰서 명확히 분별해 주지 않으면 흰 것과 흰 것처럼 보이는 것을 구별해 내기가 어렵다. 나는 부모로서, 그리스도인으로서 다음 세대에게 믿음의 유산을 물려줄 책임이 있다고 생각한다. 분별력을 가르쳐야 한다고 생각한다.

누군가가 말한 것처럼 나는 은근히 고집이 세고 웃으면서 사고치는 스타일이다. 실제로 나는 다른 사람들의 말에 별로 영향을 받지 않는다. 나는 마트에 갈 때도 철저히 계획을 세우고, 가서도 구매 리스트에 없는 물건은 쳐다보지도 않는다. 양육 방식도 예외가 아니어서 어느 누구의 영향도 받지 않는다. 좋은 학원과는 거리가 먼 곳에 살았고, 누가 명문대를 보냈다느니, 명품 양육법이니 해도 귀 기울여 듣지 않았다. 나는 나를 만드시고 또 우리 아이들을 누구보다 잘 아시는 하나님께 물으며 아이들을 가르치기로 했다. 오직 믿음 안에서 우리 아이들을 그분께 철저히 맡기기로 했다.

나는 아이들을 키우면서 몇 가지 지키는 원칙이 있다.

첫째, 아침에 일어날 때 기분 좋게 깨운다.

하루를 시작하는 아침에 나는 아이들에게 "얘들아 굿모닝! 새 날이 밝았어요" 하고 인사한다. 이왕이면 새 날은 새 날답게 상쾌하고 따뜻하게 시작하고 싶어서다. 엄마의 짜증 어린 말은 새 날을 헌 날로 만들어 버리기 때문이다.

새 날의 의미를 알기에 어제 죽은 내가 다시 부활한 이

날이 어찌 기쁘지 않겠는가!

둘째, 학교 갈 때 반드시 축복기도를 해준다.

학교까지 데려다주는 차 안에서 출발하기에 앞서 먼저 기도한다.

"하나님, 오늘도 좋은 날 주셔서 감사합니다. 학교 친구들과 선생님을 축복합니다. 우리가 배울 수 있어서 감사하고 이 시간에 감사할 수 있어서 또 감사합니다. 힘들고 가난한 아이들에게도 나눌 수 있는 아이들이 되게 해주세요. 나라에 필요한 아이들이 되게 해주세요."

내 기도가 끝나면 아이들이 돌아가면서 기도한다. 그리고 차에서 내릴 때면 "오늘도 파이팅. 알라뷰" 하고 애정 어린 인사를 해준다. 그러면 아이들은 기도로 마음을 다잡고 기분 좋은 하루를 시작할 수 있다.

셋째, 매일 큐티를 하도록 한다.

못 하는 날은 성경 한 구절이라도 읽고 자게 한다. 성경 읽기와 큐티, 기도는 훈련이다. 습관이 되려면 부모가 함께 훈련해야 한다. 혹여 늦게 들어오는 날이면 문자로라도 확인해서 이것만은 반드시 하게 한다. 말씀이 매일 내 안에서 나를 잡아 주지 않으면 다른 생각으로 끌려가기 쉽기 때문

이다. 그래서 말씀을 붙잡고 살아가는 훈련이 필요하다고
생각한다.

넷째, 저녁 식탁에서 서로 하루 일과를 얘기하고 함께
기도 제목을 나눈 뒤 기도한다.

오늘 하루 동안 무슨 일이 있었는지 서로 나누는 시간
을 반드시 가지려고 노력한다. 옛날엔 밥상머리 교육이 정
말 중요했다. 그런데 어느 날부터인가 밥상머리 교육이 사
라지니 버르장머리가 없어지기 시작했고, 어른이 숟가락을
들어야 애들이 숟가락을 들었는데, 지금은 고3이 숟가락을
들어야 아버지가 밥을 먹을 수 있다. 이게 말이 되나 싶다.
그래서 나는 꼭 식탁에서의 예절을 가르친다. 식탁에 같이
못 앉을 경우, 잠깐이라도 하루 동안 있었던 일을 서로 나
눈 후 기도한다. 아이들은 시간이 모자랄 정도로 하루 일과
를 재잘거린다. 그저 들어만 주면 된다. 내게 가장 중요한
시간이다.

다섯째, 가끔 아이들에게 손편지를 쓴다.

그냥 사랑한다, 힘내라, 널 믿는다, 기도하고 있다 따위
의 길지 않은 응원의 메시지를 손으로 직접 써서 아이들 책
상 위에 올려놓는다. 캐나다에선 도시락에 넣어 줬는데 지

금은 책상 위에 올려놓는다. 아이들은 배시시 웃으며 내게 와 따뜻하게 안아 준다. 굳이 묻지 않아도 나는 그게 뭔지 안다.

여섯째, 내가 먼저 솔선수범한다.

내가 먼저 꾸준히, 성실하게 하는 모습을 보여 주려고 애쓴다. 아이들은 내 뒤통수를 보고 자란다고 믿기 때문에 내가 먼저 모범이 되는 삶을 살고자 노력한다. 그리고 나는 가르치기보다 일부러 귀 기울여 듣고 배우려고 노력한다. 때 묻지 않은 아이들의 순수한 귀와 눈을 통해 더러워진 나의 때를 씻어 내곤 한다.

일곱째, 칭찬을 아끼지 않는다.

난 아이의 능력(?)과 성적과 상관없이 칭찬한다.

"잘할 수 있어. 그래 잘했네."

"넌 어쩜 그렇게 뭐든 열심히 하니?"

"어머나 공부해? 힘들면 쉬면서 해."

아이들은 그 칭찬에 힘을 얻는 것 같다. 별것 아닌 칭찬에도 아이들은 자극을 받아서 더 잘하려고 노력한다. 칭찬을 하면 억지로 시키지 않아도 아이들 스스로 할 일을 찾아서 하게 된다.

여덟째, 미안하다, 고맙다, 사랑한다고 자주 얘기한다.

난 아이들에게 잘못한 건 바로 미안하다고 얘기한다. 심부름을 해주거나 일을 도와주면 고맙다고 한다. 그리고 언제나 사랑한다고 한다. 부모라도 잘못할 수 있는데, 어른들은 이에 대해 사과하지 않고 어물쩍 넘어가려 한다. 하지만 아이들은 그것에 분노하고 마음에 담아둔다. 나는 그때그때 미안하다, 잘못했다고 말한다.

나는 아이들이 오늘을 행복하게 살기를 원하기 때문에 내가 먼저 행복하기로 마음먹었다. 그렇다고 행복을 찾아다니지 않는다. 지금도 충분히 행복하기 때문이다. 그리고 내 입술에 얼마나 힘이 있는지를 알기에 나는 날마다 아이들에게 사랑의 말을 한다. 사랑의 말은 억만금을 주고도 살 수 없는 큰 힘을 발휘한다.

Part 3

내 인생의 광야를 지나

내 생각은
너희 생각과
다르며

나는 아버지를 아주 많이 사랑했다. 그래서 교회를 다니면서, 아니 기도라는 걸 하게 되면서 제일 먼저 아버지를 위해 기도했다.

"하나님, 우리 아버지가 하나님을 믿게 해주세요. 세상 사람들은 우리 아버지를 욕할지 몰라도 전 우리 아버지를 사랑해요. 저 때문에 모든 관계가 깨진 거잖아요. 저 하나 때문에! 그러니 하나님, 우리 아버지만큼은 예수님 믿게 해주세요. 그게 제 소원이에요."

쉬지 않고 아버지를 위해서 기도했다. 아버지는 내게 유일한 사랑이었다.

그러던 어느 날 지인의 건강검진센터에서 사회를 봐 주

고 공짜 검진권을 얻게 되어 아버지께 드렸다. 아버지는 우연히(하나님 안에서 우연은 없지만) 생긴 공짜 검진권으로 검진을 받고 오셨다. 그리고 일주일 뒤 검진센터에서 전화가 왔다.

"성미야, 아버지 검진 결과가 나왔는데 너만 병원에 와라."

수화기 너머로 들리는 목소리에서 어쩐지 불길한 분위기가 느껴졌다.

"왜? 아빠한테 무슨 일 있어?"

지인은 아무것도 묻지 말고 오라고만 했다. 왠지 모를 불안한 마음으로 검진센터로 달려갔다. 지인은 내게 차를 권하며 아주 차분하게 말했다.

"놀라지 말고 들어라. 너희 아버지… 백혈병이시다."

"어? 뭐라고? 백혈병?"

"응, 그냥 얘기할게! 1년 정도 사실 수 있을 것 같아."

아니, 이게 무슨 날벼락인가! 아버지는 그때까지 너무나 건강하셨다. 믿기지가 않았다. 아버지는 아직 예수님을 믿지 않으시는데 어쩌나 싶었다.

일단 정신을 가다듬고 병원을 나왔다. 그리고 교회로 달려가 참았던 울음을 토해 냈다.

"하나님, 제가 우리 아버지 예수 믿게 해달라고 했지 병 들게 해달라고 했어요? 왜 우리 아빠가 아파야 하는데요, 왜요? 왜? 이게 뭐예요? 제 기도 잘못 들으신 거 아니에요? 제가 아버지 구원받게 해달라고 기도했는데 이게 뭐냐고요! 왜 이러시는 건데요?"

나는 하나님께 악을 쓰며 울었다. 이제 1년밖에 못 사신 다니, 아버지가 너무 가여워서 뒹굴며 울었다. 울다가 지쳐 서 멍하니 십자가를 바라보다가 다시 울기를 반복했다. 도 무지 울음이 그치질 않았고 정신을 차릴 수가 없었다. 운전 하고 집에 돌아오면서도 눈물이 그치지 않았다.

지인은 아버지께 말씀드리라고 했지만 도저히 입을 뗄 수가 없었다. 그래서 지인에게 직접 얘기해 달라고 부탁했 다. 며칠 뒤 지인은 아버지께 얘기했고, 아버지가 침착하게 그 사실을 받아들였노라고 전해 주었다.

나는 아버지 얼굴을 볼 수가 없었다. 전화도 할 수가 없 었다. 지나가다 아버지와 비슷한 어르신만 봐도 눈물이 났 다. 결국 아버지가 먼저 나를 찾았다.

"미야, 아빠가 백혈병이란다. 1년밖에 못 산다지만 내 가 좀 더 알아보고, 다시 한 번 검사할 거다."

나는 쏟아지는 눈물을 훔치느라 정신이 없었다.

"내는 안 죽는다. 니 때문에 못 죽는다."

그때 아버지의 눈에 맺힌 눈물을 보았다. 가슴이 너무 아팠다. 나는 매일 하나님께 악을 쓰며 대들었다. 마치 독 오른 뱀처럼 고개를 빳빳이 세우고 악을 썼다.

"우리 아버지 교회에 다니게 해달라고요! 죽는 게 아니고요! 예수 믿게 해달라고요. 엉엉엉."

그러던 어느 날 아버지가 갑자기 교회에 가겠다고 하셨다. 내가 너무 놀라서 "아빠, 왜?" 하니까 그냥 가시겠단다.

"그냥?"

나는 너무 놀랐지만 아버지는 그날 이후 그냥 교회에 가시더니 한 번도 빠지지 않고 주일예배를 드렸다.

그러던 어느 날 아버지는 꿈에서 예수님을 만났다고 말씀하셨다. 아버지의 머리로 물방울이 똑똑 떨어지는데 하얀 옷을 입은 예수라는 분이 나타나 아버지더러 머리를 조금만 숙이거나 젖히면 죽는다고 하셨단다. 그런데 아버지가 못 참고 머리를 드는 순간 깨어났고 아버지는 살았다는 안도감과 함께 교회에 다녀야겠다고 마음먹었단다. 그 후 아버지는 의사가 말한 1년이 아닌 10년을 더 살다 가셨다.

그때 멋대로 소리 지르고 몸부리치던 내 자신이 너무 부끄러웠다. 하나님께 너무 죄송했다. 믿음 없는 내가 너무 부끄럽고 죄송했다.

> "내 생각이 너희의 생각과 다르며 내 길은 너희의 길과 다름이니라… 이는 하늘이 땅보다 높음같이 내 길은 너희의 길보다 높으며 내 생각은 너희의 생각보다 높음이니라"(사 55:8-9).

그때서야 이 말씀이 이해되었다. 이후 나는 내 뜻대로 기도하지 않는다. 주님의 생각과 방법은 나랑 다르다는 걸 분명히 알았으므로 주님께 맡기는 기도를 한다.

> "우리가 세상의 영을 받지 아니하고 오직 하나님으로부터 온 영을 받았으니 이는 우리로 하여금 하나님께서 우리에게 은혜로 주신 것들을 알게 하려 하심이라"(고전 2:12).

나의
두 번째
엄마

나는 1959년 12월 25일 크리스마스에 태어났단다. 크리스마스가 내가 태어난 날이라고 정해 줬으니 그날이 내 생일인 줄 안다. 내가 직접 보지도 못했고 기억도 못하니 그날이라 믿고 매년 미역국을 먹는다.

나는 나를 낳아 준 엄마를 만나 본 기억이 없다. 낳아 주기만 했을 뿐 어떻게 생겼는지, 누구인지도 철저하게 모르고 컸다. 지금 생각하면 엄마들끼리 수군거리는 걸 아이들이 듣고 나를 놀린 것 같긴 하다. 초등학교 때 친엄마가 아니라고 아이들이 놀릴 때마다 혼자 한쪽 구석에서 속상한 마음을 삭이곤 하던 기억이 있다. 희한하게도 주변 사람들이 나보다 먼저 나를 알고 있었다.

나는 무남독녀의 외동딸로 자랐다. 엄마 복은 없었지만 아버지 사랑은 원 없이 받고 자랐다. 엄마에 대한 기억은 없지만 아버지는 그런 나를 끔찍이도 사랑해 주셨다. 어린 시절에 찍은 사진을 보면 나에 대한 아버지의 사랑이 여실히 드러난다. 사진 속 어린 나는 최고의 것들로만 치장해 있다. 선물로 말하는 인형을 받았고, 커다란 곰인형도 받았다. 곰과 똑같은 옷을 맞춰 입은 기억도 있다. 집에는 피아노와 TV, 전축, 홈 바가 있었다. 아버지는 나를 무조건 최고로만 입히고 먹였다. 뭐든 말만 하면 다 대령해 주었다.

하지만 나는 늘 혼자였다. 집에 잉어를 키우는 연못이 있었는데, 언제나 나 혼자 밥을 줬다. 놀 사람이 없어서 집에서 인형이랑 물고기랑 꽃이랑 대화하면서 놀았다.

낳아 준 엄마는 모르지만 두 번째 엄마가 나랑 꽤 오랜 시간(초등학교 6학년 때까지) 함께 살았다. 학교 육성회 임원으로 활동한 엄마는 나보다 학교 출석률이 높을 만큼 극성이었다. 나는 그런 엄마가 창피했다. 사생대회 때 엄마가 열심히 그린 그림으로 가작에 당선됐을 때도 너무 싫었다. 거짓말한 대가가 상이라는 게 너무 싫었다. 그런데 가장 싫었던 건 피아노 과외 선생을 집에까지 불러들인 것이었다.

뭐든 최고로 만들려는 엄마가 너무 싫어서 배가 아프다는 핑계로 화장실에서 자다 나온 적도 있다. 그때는 그게 하나도 안 고마웠다.

내가 원하는 엄마는 집에 와서 "엄마" 하고 부르면 두 팔을 벌려 안아 주고, 비가 오면 우산을 들고 교문 앞에서 기다려 주고, 맛이 있건 없건 정성껏 식탁을 차려 주는 엄마였다. 화려하고 세련된 멋쟁이 엄마가 아니라 나랑 같이 놀아 주고 내 말을 들어주는 엄마가 필요했다. 하지만 엄마는 아버지의 사업을 돕느라 나와 함께할 시간이 없었다. 그런데 어느 날부터인가 엄마는 집에 있는 시간이 많아졌다. 학교에 갔다 오면 엄마는 누워 있었고 점점 야위어 갔다.

자궁암이었던 엄마는 방사선 치료를 받느라 머리가 빠지고 나중엔 앙상하게 뼈만 남아서 시커멓게 변해 갔다. 나는 그런 엄마가 무서웠다. 특히 국제극장 뒤 원자력병원에서 엄마랑 함께 있는 시간은 너무 힘들고 무서웠다. 병원에서 돌아온 엄마는 짜증을 내기 시작했고 걸핏하면 소리를 질러댔다. 난 엄마가 무섭고 싫었다. 그렇게 함께 있어 주길 원하던 엄마는 흉하고 무서운 모습이 되어서야 집에 있게 되었다.

엄마는 그렇게 아팠고 아버지는 엄마의 도움 없이 혼자서 무리하게 사업을 하다가 한순간에 몰락하고 말았다. 우리가 살던 보광동 저택에는 어느 날 빨간 딱지가 붙었고, 며칠 뒤 우리는 창동으로 이사 가야 했다. 그것도 남의 집 문간방으로. 하지만 나는 그게 너무 좋았다. 큰 집에서 살다가 조그만 집으로 이사 가니 주인집에 나랑 놀아 줄 아이가 있었다. 게다가 한 방에서 온 식구(엄마, 아빠, 나, 일하는 아줌마)가 함께 잔다는 게 너무 좋았다. 나는 주인집 아기를 업고 노는 게 너무 좋았고, 말할 상대가 생겨서 참 좋았다.

엄마는 이사 간 뒤 몸이 더 나빠져서 모르핀을 맞지 않으면 아파서 방바닥을 긁을 정도로 고통스러워했다. 소리 지르는 일도 더 심해졌다. 옛날엔 약국에서 불법으로 주사를 놔 주던 아줌마가 있었는데 그 아줌마를 부르는 건 내 몫이었다. 그런데 조금만 늦어도 소리를 질렀다.

"에미 죽는 꼴 보고 싶나! 네가 나 죽으라고 일부러 늦게 오는 거지? 이 에미 죽으라고!"

그러면 나는 혼자 뒷산에 올라가서 울었다. 저 무서운 엄마가 차라리 사라져 버렸으면 좋겠다고 생각했다.

추석을 며칠 앞두고 보름달이 휘영청 뜬 어느 날 밤이

었다. 자다가 문득 눈을 떴는데 눈을 반쯤 뜨고 자는 엄마가 너무 무서워서 흔들어 깨웠다.

"엄마, 귀신이야? 너무 무서워. 눈뜨고 자서 너무 무서워."

엄마는 어디 엄마더러 귀신이라고 하냐며 나를 막 때렸다. 나는 맞으면서도 울며 말했다.

"엄마, 그래도 무서워. 진짜 말해 줘. 귀신 아니야?"

때리던 엄마는 나를 물끄러미 쳐다보더니 돌아누워 버렸다. 그게 엄마한테 처음이자 마지막으로 맞은 매였다. 그리고 그 해 11월 엄마는 세상을 떠났다.

바람이 매섭게 불던 날 아버지는 너무나 서럽게 울었다. 하지만 나는 눈물이 나오지 않았다. 슬프지도 않았다. 돌아가셨다는 게 실감나지도 않았다. 그냥 춥다는 생각만 들었다. 엄마는 가루가 되어 강화도 산자락에 뿌려졌다.

이제 와서 가끔 그런 엄마가 보고 싶다. 울컥하고 눈물이 날 때도 있다. 꺼낼 추억이 없다는 게 힘들었다. 그리고 미안했다고 사과하고 싶다. 엄마를 사랑하지 못한 날 좀 이해해 달라고 말하고 싶다.

버림받은
차가운 아이

엄마가 돌아가신 후 나는 여기저기 얹혀살게 되었다. 그야말로 엄마 없는 하늘 아래였다. 여기저기 다니며 하숙에, 자취에, 친척집에, 엄마 친구 집에, 원도 한도 없이 보따리를 싸서 다녔다. 짐을 싸고 푸는 것을 47번까지 세다가 그만두었다.

어느 날 아버지는 시골에 내려가 있으면 자리 잡는 대로 데리러 오겠노라고 약속하고는 할아버지 집에 나를 맡겼다. 다니던 중학교를 휴학하고 경상남도 산청군의 할아버지 집으로 내려갔다.

시골에서는 아무것도 할 일이 없었고 아무도 나를 반겨주지 않았다. 그냥 시간만 죽이며 아버지가 데리러 온다는 소식만 기다렸다. 낮에는 강에 가서 돌을 던지고 밤이면 달빛 아래서 잠이 드는 생활이 1년이나 이어졌다. 친구도 없이 눈깔사탕 얻어먹는 재미로 5일장을 기다리고 할머니가 사 주시는 양말 한 켤레를 소중히 간직하고, 매일 아버지한테 편지를 쓰며 서울로 돌아갈 날만 손꼽았다.

드디어 1년이 지난 어느 날 아버지가 나를 데리러 왔다. 나는 아버지를 본 순간 다시는 놓지 않을 기세로 아버지의 목을 끌어안았다.

하지만 서울에 와서도 아버지와 같이 살 수는 없었다. 나는 하숙을 하게 되었고 다시 중학교 1학년이 되어 학교로 돌아갔다.

학교에 돌아가자 함께 다니던 친구들은 2학년이 되어 있었다. 나는 그들에게 언니라고도 못하고 동급생인 1학년 아이들에게도 말을 건네지 못하는, 62명의 반 아이들을 혼자 왕따시키는 이상한 아이가 되었다. 그냥 멍청히 앉아서 시간을 죽이며 일기장에 죽음을 써 넣는 그런 아이가 되었다. 나중에 고등학교를 졸업한 뒤 아버지는 내게 이렇게 말했다.

"너 죽을까 봐 선생님이 특별 관리를 부탁해서 중학교

1학년 때부터 내가 얼마나 긴장했는데⋯. 이제 됐다. 다 컸
으니!"

그 시절 나는 아무도 나를 돌보지 않는다는 걸 너무 일
찍 알아 버려서 늘 죽음을 묵상했고 우울한 아이였다. 엄마
없는 아이라는 사실을 들키지 않으려고 철저하게 입을 다
물었고 완벽하게 준비하고 꼼꼼하게 챙기려고 늘 긴장했다.
내가 완벽주의자가 되려고 했나보다. 나를 감추기 위해서.

재밌는 건 학교에선 말없이 있다가 소풍 가선 무대에
나가 웃기는 아이였다는 사실이다.

어느 해 5월 8일이었다. 국어 시간에 어버이날을 맞아
'어머니'를 주제로 글을 쓰라고 했다. 하는 수 없이 엄마가
보고 싶다는 내용의 글을 썼다. 설마 누가 내 글을 읽을까
했다. 그런데 갑자기 국어 선생님이 "이성미, 일어서서 읽
어 봐"하는 거였다. 할 수 없이 일어섰지만 한참을 읽지 못
한 채 망설였다. "뭐 해? 얼른 읽어!" 하는 선생님의 재촉을
듣고서야 겨우 떨어지지 않는 입을 열었다.

"난⋯ 엄마가 없습니다. 그래서 너무 보고 싶습니다. 난
어버이날이 싫습니다."

나는 더 이상 읽어 내려갈 수가 없었다. 아이들이 갑자

기 숙연해졌다. 그래서 더 화가 났다. 자존심이 마구마구 구겨졌다. 아이들이 나를 동정하는 것 같아 너무 싫었다. 그날 이후 나는 더 말이 없어졌다. 아이들이 내게 말을 붙여도 모른 척했다.

'네들이 날 동정하는 거 싫어. 재수 없어. 난 네들이 나한테 친한 척하는 것도 싫어.'

그렇게 나는 스스로 철저하게 고립되었다. 아무한테도 말하지도 말을 듣지도 않는 차가운 아이였다. 아무 느낌도, 아무 재미도, 아무 즐거움도 모르는 애늙은이였다. 공부하고도 거리가 멀었다. 책상에 앉으면 공부에는 관심이 없고 책상 정리, 서랍 정리, 책꽂이 정리만 했다. 어떤 것에도 아무런 흥미를 느끼지 못했다. 얼른 시간이 흘러서 어른이 되고 늙어서 죽었으면 좋겠다고 생각했다.

그런 중에도 내가 죽지 않고 버틸 수 있었던 건 오로지 아버지 때문이었다. 아버지는 이 세상에서 유일하게 나를 위해 애쓰시는 분이었다. 그런 아버지를 위해 근근이 살아낸 것이다.

그런 세월 속에서 내 안의 상처는 더 단단해져 갔다. 나중에 안 사실이지만, 내 안에 말로 받은 상처가 그렇게 단단히 뿌리 내려 있는 줄 몰랐다.

"내 영혼이 진토에 붙었사오니 주의 말씀대로 나를 살
아나게 하소서"(시 119:25).

잃어버린
시간이
감사하다

이렇게 저렇게 시간만 때우려 학교에 다니던 어느 날 아버지가 아줌마 한 분을 소개해 주었다. 푸근하고 따뜻해 보이는 인상의 아줌마였다. 그 순간 나는 이 아줌마가 내가 새로 함께 살아야 할 엄마라는 사실을 알았다.

중학교 2학년 때 나는 아버지 손을 잡고 부산에 내려가 살게 되었다. 부산에 내려가면서 나는 드디어 아버지랑 함께 살겠구나 하는 흥분으로 들떴다. 하지만 나는 부산에서도 부적응자로 살았다. 학교에서도, 집에서도….

새엄마가 하는 얘기는 듣지도 않았다. 선생님이 가정방문 오는 것도 싫었다. 학교에서 요구하는 가정환경조사서는 늘 나를 화나게 만들었다. "맨날 이런 걸 왜 내라는 거야?" 온통 불만이었다. 학교도 가기 싫었다. 아이들이 "서울내기 다마네기!"라고 놀리는 것도 싫었고 입을 열면 튀어나오는 서울말도 싫어서 나는 입을 굳게 다물었다. 나는 그저 어서 빨리 졸업해서 시집이나 가야겠다는 생각으로 버텼다.

4년 뒤인 고등학교 2학년 때 나는 큰아버지 집으로 보내졌다. 아버지와 또 떨어져 살게 된 것이다. 큰아버지 집에 갔더니 할머니가 나를 구박했다. 겨울날 자다가 추워서 연탄 불구멍을 열어 놓으면 할머니는 나가서 막으시며 기집애가 따뜻한 데서 자빠져 잔다고 나무라셨다. 하는 수 없이 냉골에서 웅크리고 자야 했다. 밥을 먹을 때도 아무도 챙겨 주는 사람이 없어서 찬밥에 먹다 남은 반찬으로 끼니를 때웠다. 할머니는 내가 미워 죽겠는지 내가 태어난 뒤로 아버지 일이 꼬인다면서 욕을 해댔다. 나는 정말이지 왜 사는지 모르겠어서 눈물로 지새웠다.

그러던 중 아버지의 소식을 듣게 되었다. 또 혼자가 되셨다는 것이다. 아버지는 나 때문에 새엄마와 헤어졌다. 새엄마가 아무리 잘해 줘도 나는 하나도 기쁘지 않았다.

"당신 내 엄마도 아니면서 유치해. 날 낳지도 않았는데 나에 대해서 뭘 알아. 왜 잘해 주는데? 오버하지 마. 그런다고 내 마음이 바뀔 거라고 생각하지 마, 난 싫다고!"

나는 늘 고슴도치처럼 바늘을 세우고 살았고 누구든 걸리기만 하면 다 망가뜨리고 싶었다. 새엄마는 결국 못 견디고 아버지와 헤어졌다.

다시 두 식구가 된 우리는 서울로 올라와 친척집에 얹혀살게 되었다. 하지만 나는 아버지와 함께 사는 게 마냥 좋았다. 아버지의 아픔이나 괴로움은 아랑곳하지 않았다. 나는 아버지가 왜 그렇게 길게 한숨을 내쉬는지 알려고도 알고 싶지도 않았다. 오히려 아버지 때문에 내가 이렇게 힘들게 산다고 아버지를 원망했다.

사람은 자기의 아픈 시간을 완전히 잊어버린다고 했던가? 어릴 때 기억을 떠올리면 딱히 행복했거나 기뻤거나 즐거웠던 적이 거의 없다. 그래서인지 중학교, 고등학교 동창이 전혀 기억나지 않는다. 친구들이 반갑게 인사를 하는데도 난 그 아이들을 알아보지 못한다. 그들이 아무리 나에 대해 설명해도 나는 감사(?)하게도 전혀 기억하지 못한다.

나는 차라리 그 아픈 시간을 기억하지 못하는 것이 감사하다. 내 기억 속에서 지워진 시간들이 차라리 감사하다.

만일 그 시간들을 낱낱이 기억하고 있다면 얼마나 아프고 힘들었을까. 얼마나 울면서 지냈을까. 물론 지금은 그 시절의 아픔이 아무렇지도 않다. 오히려 감사하다. 주님 안에서 치유받았으니까.

내가 아직도 그 상처를 치유받지 못했다면 여전히 모나고 부족하고 날카로운 고집불통으로 살고 있을 것이다. 오직 나밖에 모르는 어른으로 살고 있을 것이다.

하나님이 경험케 하신 모든 일은 내게 유익이라는 것이 내 고백이다. 왜 내게 그런 일이 일어났느냐고 묻기보다 그 세월 속에서 내가 갈고닦아졌음을, 그 아픔을 통해 누군가를 위로할 수 있는 사람이 되었음을 감사한다. 나를 깨우치고 변화시키신 하나님께 감사한다. 이제 나도 하나님께 받은 이 사랑을 누군가에게 나누며 살고 싶다. 어릴 적 작은 교회 마룻바닥에서 울며 신음하던 내게 지금 응답하시는 하나님께 감사하며 남은 시간을 보내고 싶다.

개그맨이
되 다

고등학교 졸업 후 뜻하지 않게 서울예전 방송연예과에 들어가게 되었다. 1, 2차 시험에 떨어져서 재수하려는 내게 아버지는 어렵게 살지 말라며 서울예전 원서를 내밀었다. 나는 군말 없이 원서를 접수했고 이듬해 그 학교 학생이 되었다. 그것은 하나님의 인도하심이었다. 물론 나중에야 그 사실을 알았다.

사실 나는 성우가 되려 했다. 하지만 의도치 않게 개그맨이 되어서 방송일을 하게 됐다.

1980년 6월 5일 나는 제2회 TBC 개그콘테스트에 얼떨결에 나갔다가 개그맨이 되었다. 대학교 1학년 때 같은 과 동기인 김은우가 1, 2차 예선을 치렀는데 여자 개그맨

할 만한 친구를 데려오라고 했다며 나더러 나가자고 했다. 상금이 20만 원이니 10만 원씩 나눠 갖자는 말에 혹해서 김은우가 가르쳐 주는 대로 일주일 연습해서 나갔다. 하지만 나는 그때까지 개그맨이 뭐 하는 사람인지조차 잘 몰랐다.

그런데 뜻밖에도 나는 그 대회에서 대상을 받았고 곧이어 방송국에 첫발을 디뎠다. 당시 입사 동기로는 김형곤, 장두석, 조정현, 이하원, 정명재 등이 있다. 아무것도 모르는 나를 데려가 준 친구와 '콤비'를 이뤄 방송에 나가기 시작했다. 출연료 5,000원을 받으면 친구와 2,500원씩 나누어 가졌다. 얼떨결에 개그맨이 되었지만 방송일은 마냥 신기하고 재미있었다.

더 신기한 건 개그맨이 뭔지도 모르는 내게 사람들이 잘한다고, 재미있다고, 천재(?)라고 칭찬해 준 것이다. 태어나서 이런 칭찬을 처음 들었고, 이후 날개를 단 것처럼 쉴 새 없이 방송을 했다. PD가 개그 소재를 주면 그것을 내 아이디어로 각색해서 써 갔고 그러면 너무 잘한다고 칭찬을 들었다.

"넌 타고난 개그우먼이야. 최고가 될 거야."

나는 그게 무슨 소린지 이해하지 못했으면서도 일이 주어지면 열심히 했다. 정말 일만 했다. 그렇다 보니 정말 하루가 다르게 이 방송 저 방송에 불려 다녔고 이것저것 얻는 것도 많았다. 뒤돌아볼 겨를 없이 바쁜 나날이었다.

그러던 어느 날부턴가 일이 즐겁지가 않았다. 나를 보고 웃는 사람들이 기분 나빴고 화가 났다.

"왜 날 보고 비웃는 거야?"

"내가 웃기게 생겼어?"

"내가 비정상적이야?"

나는 개그맨이라는 직업에 회의를 느끼기 시작했다. 사람들이 나를 여자가 아닌 코미디언으로만 보는 것이 참을 수가 없었다. 길거리에서 시비가 붙은 적도 있다. "아이고, 이성미 아냐? 좀 웃겨 봐. 되게 쬐그맣네" 하기에 순간 화가 나서 "내가 우스우세요?" 하고 따지고 들어서 벌어진 사단이었다. 아줌마들은 어이없어 하며 "인기 좀 있다고 겁대가리 없이 어디서! 싸가지 없네" 하며 눈을 흘겼다.

나는 당시 내 안의 상처를 볼 수 있는 눈이 없었다. 그것이 내 안의 쓴 뿌리가 올라오는 것인 줄 몰랐다. 내 몸집이 커지고 자라는 만큼 내 안의 상처도 같이 나이 먹는 줄 몰랐다. 나는 그렇게 모난 어른으로 커 가고 있었다.

스무 살에 방송국에 들어갔지만 개그우먼 선배가 따로 없어서 제멋대로였다. 당시 문영미, 최용순 언니가 있긴 했지만 언니들은 제멋대로인 나를 한 번도 나무란 적이 없다. 오히려 어미 없이 자란 쪼그맣고 불쌍한 아이라고 챙겨 주기 바빴다. 지금 생각해 보면 그 시절 막무가내인 나를 따뜻하게 보살펴 준 고마운 분들이었다. 그럼에도 나는 당시 방송을 쉰 적은 없지만 늘 떠날 채비를 하던 우울하고 까칠한 나이만 먹은 애였다.

"좋은 것만
권하세요!"

나는 방송국에 들어가기까지 술, 담배를 배우지 않았다. 하지만 방송국에서는 어느 회식 자리를 가든 술이 빠지지 않았다. 2차, 3차까지 가야 술자리가 끝나곤 했다. 하지만 나는 언제나 밥과 안주만 축낼 뿐 술을 입에 대지 않았다. 내가 곰국을 싫어하듯 술도 그냥 싫어하는 음식이었다.

방송국에서 생활한 지 몇 년이 흐른 어느 날이었다. 그 날도 회식 자리에서 어떤 선배가 내게 술을 권했다.

"저, 술 못 마셔요! 한 번도 안 마셔 봤어요."

"야! 선배가 마시라면 마셔야지 못 마시는 게 어디 있어? 마셔!"

이미 만취한 선배는 막무가내로 내게 술을 권했다. 그

렇다고 강압적인 분위기는 아니었다. 하지만 나는 어쩐지 선배의 말이 잘못되었다는 생각이 들어서 겁 없이 한마디 했다.

"선배님, 권하시려면 좋은 거 권하세요. 전 술이 좋다고 생각한 적 없어요. 전 안 마셔요!"

순간 분위기가 찬물을 끼얹은 듯 냉랭해졌다. 선배는 놀라서 한참 동안 입을 다물지 못하더니 내 인생에서 잊을 수 없는 한마디를 했다.

"야, 다음부터 쟤 회식 자리에 부르지 마. 술맛 떨어지니까! 뭐, 저런 게 다 있냐?"

그 뒤로 나는 술자리에 끼지 못했다. 아무도 불러 주지 않아서였다. 이때의 경험을 교훈 삼아 나는 후배들에게 이렇게 말하곤 했다.

"너희들이 처음에 어떻게 하느냐가 중요해. 물론 나처럼 정색을 하면 안 돼. 그러다 사람을 잃을 수 있으니까. 하지만 때로 누구든지 나쁜 걸 권한다면 확실하게 못한다고 얘기하는 것이 필요해. 처음 단추를 잘 끼우면 크게 도움이 돼."

하지만 후배들은 감히 선배들의 말에 토를 달지 못한

다. 세상이 아무리 변했다지만 여전히 개그맨들 사이에선 '선배는 하늘'이라는 옛말이 통한다. 나는 내가 뱉은 말에 책임을 지기 위해서라도 좋은 것만 권하는 선배가 되어야 겠다고 다짐한다.

죽기로
하다

바빠지면 바빠질수록 돈을 벌면 벌수록 사는 재미가 없어졌다. 내가 누리는 것에 대해 감사하지도 않았다. 다만 하루빨리 결혼해서 아이를 많이 낳고 살고 싶었다. 언제나 혼자였고 내 편은 아무도 없다고 생각하며 살아서인지 영원히 내 편이 될 가족을 많이 만들고 싶었다.

한편, 일이 많아지면서 형편이 좋아져서 월세를 얻어 여의도에 입성했다. 개그맨 동료들은 우리 집을 구내식당처럼 이용했다. 아버지가 그 많은 밥을 해댔다. 아버지는 딸을 위한 일이라서 그랬는지 아무리 궂은 일도 기쁘게 하셨다.

어느 날 아버지가 혼자 고생하는 게 마음에 걸려 좋은

분 있으면 만나라고 말씀드렸다. 아버지는 곧 좋은 사람을 만났고 가정을 꾸렸다. 내겐 이제 엄마도 생겼고 동생도 생겼다.

그 무렵이었다. 사람들이 무심코 하는 말이 상처가 되어 늘 억울했다. 억울하다고 호소하면 그것이 오히려 비수가 되어 내게 돌아왔다. 고통스러웠고 절망스러웠다. 사방이 막힌 골방에 나 혼자 갇힌 것처럼 숨을 쉴 수가 없었다. 그러다 문득 죽어야겠다고 생각했다. 아버지도 이제 아내와 아이들이 생겼으니 나 하나 사라져도 괜찮겠다 싶었다. 참으로 어리석은 생각이지만 나는 그 어느 때보다 진지했다.

참 밑도 끝도 없었지만 그 순간엔 죽음만이 유일한 탈출구처럼 보였다. 죽음으로 억울한 내 심정을 알리고 싶다는 단순한 생각에 약국마다 다니며 수면제를 사 모았다. 수면제 70알을 모은 뒤 누군가 술과 같이 먹으면 바로 죽는다고 한 말이 생각나 양주 한 병을 사서 같이 먹었다. 먹는 순간 마음이 그렇게 편할 수가 없었다. 모든 게 정리되는 느낌이었다.

그런데 다음 순간, 새벽에라도 지나가던 누군가가 차에서 죽은 나를 발견하면 어쩌지 싶어 급하게 시동을 걸고 집으로 향했다. 집으로 가던 중 기운이 빠지는 걸 느껴서 부리나케 운전했다. 집에 도착해 내 방 침대에 눕는 순간, 내 몸이 솜털처럼 가벼워져서 구름 위에 있는 것 같았다.

'아, 이렇게 행복한 게 죽음이구나.'

눈꺼풀이 서서히 내려앉았다.

그런데 나는 눈을 떴다. 왜 떴지? 왜 눈이 떠지는 거지? 일어나 거울을 봐야겠다 싶어 몸을 일으키는데 눈앞에서 야광봉 수백만 개가 지나다니고 몸이 말을 듣지 않았다. 간신히 일어나 벽을 붙잡고 목욕탕까지 걸어가 불을 켰다. 순간 얼굴을 보는데 너무 무서웠다. 얼굴이 벌겋게 부어올라 있었다.

뭐지? 어떻게 해야 하지?

머리가 복잡한데 엄마가 나와서 나를 보더니 "미야, 너 약 먹었지?" 했다. 생각할 겨를도 없이 나는 "어!" 했고, 뒤따라 나온 아버지가 몸을 벌벌 떨더니 나를 들쳐 업고 병원으로 냅다 뛰셨다. 아버지는 숨이 차게 뛰면서도 울면서 "미야, 살아만 나라. 살기만 해라. 제발" 하셨다. 아버지가 너무 불쌍했고 미안했다.

병원에 도착하자마자 아버지는 의사에게 "약을 먹었어

요" 하고 소리쳤다. 의사가 몇 알 먹었냐고 물어봐서 "70알
이요" 했더니 의사가 입을 벌리란다. "싫어요" 했더니 "안
벌리면 병신돼요" 했다. 나는 얼른 입을 벌렸다.

입을 벌리는 순간부터 정신없이 세척을 하기 시작했다.
내 몸이 내 몸 같지 않았다. 눈도 뜰 수 없었다. 그러는 중
에 의사가 하는 말이 들렸다.

"어, 이거 봐. 거의 안 녹았다. 거참 신기한 일이네. 약이
많이 안 녹았는데!"

나는 그 소리와 함께 눈을 감은 뒤 이틀 뒤에 깨어났다.

깨어난 세상은 나를 나락으로 밀어 넣었다. 이미 나의
자살 소식은 세상에 알려진 뒤였다. 나는 한 발짝도 밖에 나
갈 수 없었다. 그때 새엄마는 내게 새벽기도를 가 보라고 권
했다.

다음 날 새벽 4시, 모자를 깊게 눌러 쓰고 교회에 갔다.
누군가 잡아끈 것도 아닌데 나는 하소연할 데가 없어서 내
발로 교회를 찾아갔다. 당시는 누군가에게 고민을 털어 놓
으면 그 말이 눈덩이가 되어 오히려 내 뒤통수를 쳤다. 사실
이 아니라고 부인하면 부인할수록 깊은 늪에 빠지는 것처럼

일이 커질 뿐이었다. 사람도 무섭고 일도 싫었다.

기도가 뭔지 찬양이 뭔지도 모른 채 맨 끝줄 귀퉁이에 앉아서 멍하니 있다가 돌아왔다. 그런데 이른 새벽에 일어나 차가운 공기를 마시는 것도 좋고, 교회에 앉으면 왠지 마음이 편안한 게 좋아서 그날 이후 매일 새벽 교회에 갔다. 그때는 그게 평안인지도 몰랐다. 그냥 마음이 편안했다. 긴 한숨만 쉬어도 마음이 편안해졌다.

"하나님, 저 왔어요. 안녕하세요? 저 내일 또 올게요. 안녕히 계세요."

"저 또 왔어요. 잘 계셨죠? 내일 또 올게요. 안녕히 계세요."

그러다가 하나님께 슬슬 말을 붙이기 시작했다.

"하나님, 제 맘 아시죠? 저 너무 말이 하고 싶은데, 너무 억울한데 말할 데가 없어요. 하나님은 제 비밀 지켜 주실 거죠?"

나는 새벽이면 늘 그 자리에 앉아 혼자 푸념을 늘어놓았다.

그렇게 혼자 새벽기도를 하던 11일째에 방언이 터졌다. 기도 방법도 모르는데 방언부터 터진 것이다. 주체할 수 없이 방언이 터지니까 너무 두려웠다. 이게 뭔가 싶었다. 그래서 집에서 방문을 잠그고 혼자 방언하고 밥 먹고 또 기도하고 밥 먹고 또 기도하면서 내 안의 모든 것을 토해 내기 시작했다. 며칠을 그렇게 기도하니 이번엔 이유 없이 눈물이 쏟아지기 시작했다. 몇 날 며칠을 주체할 수 없도록 눈물이 쏟아졌다. 울다 방언하다 울다 방언하기를 반복했다.

그렇게 40일이 지나자 놀라운 일이 생기기 시작했다. 사람들은 내가 억울하다고 호소하면 그 자리에선 고개를 끄덕이지만 돌아서면 내게 등을 돌렸다. 하지만 긍정도 부정도 하지 않는 것 같던 하나님은 내 얘기를 다 들으시고 성실하게 응답하셨다. 설명할수록 늪에 빠지기만 하던 일이 설명하지 않아도 해결된 것이다. 내 기사를 썼던 기자가 만나자더니 자기 마음대로 기사를 써서 미안하다고 사과했다. 그가 진심으로 용서를 구하니 화도 나지 않고 그가 밉지도 않았다. 오히려 억울함이 풀어진 것만으로도 미친 듯이 기뻤다.

그때 나는 알았다. 기도하면 진실은 밝혀지는구나. 기도하며 기다리면 되는구나.

나는 그 뒤로 억울한 일이 생기면 골방으로 들어가 하나님께 일대일 면담 신청을 한다. 하나님 아버지께 다 말하고 이르고 털어낸다. 주님밖에 풀어 주시는 분이 없다는 것을 알기 때문이다. 아버지는 내 기도를 기다리신다. 그리고 진실을 밝혀 주신다. 사람이 도저히 할 수 없는 모든 것을!

"너는 기도할 때에 네 골방에 들어가 문을 닫고 은밀한 중에 계신 네 아버지께 기도하라 은밀한 중에 보시는 네 아버지께서 갚으시리라"(마 6:6).

율법에
간히다

그러자 하나님이 너무 알고 싶어졌다. 그래서 바로 개 그우먼 임미숙, 이경애, 이현순과 함께 성경 공부를 시작했다. 알면 알수록 더 알고 싶어졌고 너무 재미있었다. 그리고 배우면 배운 대로 지키려고 애를 썼다. 하나님 아버지가 좋아하는 걸 하고 싶었다.

'그럼 십계명이라도 제대로 지켜 봐야겠다'는 생각이 들어서 주일예배를 빠지지 않고 나갔다. 11시 예배면 10시 50분에 가서 늘 같은 자리에 앉았다. 매 주일 내가 정해 놓은 지정석에서 하나님 아버지를 만나기로 했다. 누군가 내 자리에 앉으면 못마땅해서 뒤에서 막 기도했다. 그 자리가 내 자리인 양 말도 안 되는 기도를 했다.

"하나님 저 자리 제 자리예요. 다음부턴 다른 사람 못 앉게 해 주세요. 내 자리예요."

지금 생각하면 유치하지만 그때는 그게 내가 아버지를 사랑하는 표현이라고 생각했다. 사랑을 못 받아 본 사람은 사랑 표현도 할 줄 모른다. 십일조도 철저하게 했다. 주일을 못 지키면 큰일 나는 줄 알고 목숨 걸고 지켰다.

하지만 그러면서 차츰 율법에 갇히기 시작했다. 하나님이 싫어하는 일을 하면 벌 받을까 봐 두려웠고, 다른 사람들을 향해서도 율법의 잣대로 지적질했다. 내가 좀 한다고 목이 엄청 뻣뻣해졌다.

말씀을 보고 들으며 내가 변해야 하는데 그것을 기준으로 다른 사람을 정죄하기 바빴다. 예배 시간에 늦은 사람이 있으면 눈을 흘기고, 누군가 껌을 씹고 있으면 말씀 안 듣고 그 사람 입만 쳐다보고, 예배 시간에 다리 꼬고 앉은 사람이 있으면 거룩하지 못하다고 발로 툭 치고, 조는 사람이 있으면 주보로 찌르고, 아무 데나 휴지를 버린 사람 들으라고 큰 소리로 욕하며 휴지 줍고… 나는 그러면서도 내가 제일 잘하고 있다고 생각했다.

'니들은 왜 그 모양이니! 예수를 믿으면 나처럼 율법을 지켜야지, 니들은 뭘 배운 거니!' 하면서 지적질을 한 것이다. 그런데도 하나님은 날 내버려 두셨다. 아니 어쩌면 말씀하셨는데 내 의가 커서 듣지 못했을지도 모른다. 나는 그렇게 점점 완고한 바리새인이 되어 있었다. 사랑 없이 율법만 내세우는 나를 하나님은 오래 참고 기다려 주셨다. 사랑을 받아보지 못한 나는 그게 사랑 표현이라고 생각했기에 열심히 배운 대로 소리 내며 지적질하며 그것이 사랑인 양 착각했다.

그렇게 긴 시간 율법만 지키는 바리새인인 나를 하나님은 한방에 무너뜨리셨다. 큰아이가 학교에서 작은 시비에 붙었다가 상대방 아이를 위험에 빠뜨리는 사건이 일어났을 때, 하나님은 바리새인의 삶을 살던 나를 보게 하셨다. 사랑 없는 바리새인의 삶을 철저히 회개하게 하셨다.

"내가 사람의 방언과 천사의 말을 할지라도 사랑이 없으면 소리 나는 구리와 울리는 꽹과리가 되고"(고전 13:1)

내 말을
곱씹지
그러니?

한국을 떠날 무렵 나는 남편과의 관계가 썩 좋지 않았다. 캐나다로 떠나면서 혹시 하나님이 내게 이혼할 기회를 주시는가 하는 생각을 했을 정도다. 지금은 물론 쓸데없다고 생각하지만 그때는 정말 진지하게 고민했다.

시작은 언제나 나였다.

남편이 무심코 농담으로 "넌 엄마가 많아서 좋겠다"고 한 말에 마음이 상해서 입을 꼭 다물었다. 남편이 아무리 농담이라고 달래도 내 마음엔 이미 좌물쇠가 채워졌다. 남편의 그 한마디는 내 안에 들끓던 분노의 화산을 건드린 셈이었다. 나는 캐나다에 가서 남편과 정리하는 수순을 밟겠다고 생각했다. 그러던 차에 남편이 캐나다에 있는 내게 전화해서 또 한마디를 했는데 그것이 다시 나의 분노 뇌관을 건드렸다. 남편은 기억도 못하는 말을 나 혼자 곱씹고 또 곱씹으며 분노했다.

'어떻게 나한테 이런 말을 할 수 있어요? 하나님, 어떻게 나한테⋯?'

나는 아예 식음을 전폐한 채 그 말만 되뇌었다. 몇 날 며칠을, 아니 두 달 동안 하나님께 질리도록 한 얘기 또 하고 한 얘기 또 하며 남편의 말 한 마디를 잘근잘근 곱씹었다.

어느 날 침대에 누워 또 "하나님, 어떻게 나한테" 하는데 하나님이 내 입을 막으셨다.

"넌 내 말을 그렇게 오랫동안 묵상한 적 있니? 네 남편이 던진 말 한마디는 그렇게 오래 곱씹으면서 내 말은 한 번 듣고 말잖니!"

그랬다. 하나님의 말씀은 듣고 뒤돌아서면 잊어버렸다. 주일 설교는 주차장까지도 안 갔으니까. 그런데 사람의 말은 좀처럼 잊어버려지지 않았다. 내게 상처를 입힌 말은 곱씹고 또 곱씹으며 외우고 또 외웠다. 나는 이불을 박차고 일어났다.

'내가 지금까지 뭔 짓을 한 거야. 남편으로서 할 수 있

는 말이었을 뿐이잖아. 이 바보!'

그리고 무릎을 꿇었다.

"하나님, 죄송해요. 제가 미련하고 어리석었어요. 주님
말씀만 꼭꼭 씹고 또 씹어서 내 것으로 만들게요."

나는 그날부터 다시 새벽을 깨웠다. 사람의 말에 넘어
지려고 단단히 준비된 나를 깨워서 주님의 말씀에 귀 기울
이도록 했다.

진정한 치유는
완전한 자유에
이르는 것

아이들하고 하루 종일 붙어 있는 건 정말 행복이었다. 일을 접고 아이들에게 밥을 해 먹이고, 옆에 있어 주는 내가 갖고 싶고 꿈꾸던 엄마를 내가 하고 있다니! 꿈만 같던 나날이 너무 좋았다.

하지만 나는 여전히 내 안의 쓴 뿌리와 상처가 건드려지면 불끈불끈 화를 내곤 했다. 그때마다 아이들은 두려워했다. 화가 나면 나는 이미 내가 아니었다. 바깥에서 기분 나쁜 일이 있거나 컨디션이 안 좋으면 집에 돌아와 아이들에게 화를 쏟아내고 성질을 부리기 일쑤였다.

심지어 아이들한테 잘해 주다가도 질투하기도 했다. 따뜻한 밥을 먹이겠다고 도시락을 싸서 점심시간 직전에 잘 가져다주다가도 갑자기 "복에 겨운 것들, 네들은 좋겠다. 친엄마가 도시락도 싸 주고" 하고, 애들하고 정말 행복해 하다가도 "너네는 좋겠다. 내가 번 돈으로 고생 안 하고 잘 먹고 잘 살아서…" 하거나 "네들이 나 없으면 될 거 같아?" 하고 유치한 질투를 하는 것이었다.

'내 이런 못된 생각은 어디서 오는 걸까? 도대체 왜 잘 하다가도 화가 치밀어 오르는 걸까? 애들한테 왜 이런 유치한 질투를 하는 걸까?'

거슬러 거슬러 올라가다 보니 내 안에 '엄마'라는 사람들에 대한 분노가 있었다. 내가 기억하는 엄마는 언제나 나를 보살펴 주지 않았고 사랑해 주지 않았다. 한 번도 엄마 품에 안겼던 기억이 없다. 사랑받지 못하고 지낸 시간 속에서 내 안에 분노하는 아이가 자라고 있었다.

나는 내 안에 있는 쓴 뿌리를 뽑아내고 싶었다. 오랜 상처를 치유하는 것, 뿌리 깊은 상처를 뽑아내는 일은 쉽지 않았다. 일단 내 입술의 고백으로 시작해야 하는데 입도 떨어지지 않았다. "엄마를…" 하고 기도하려면 자물쇠로 입을 잠근 것처럼 움직이질 않았다. 그냥 아무 말도 할 수 없었다. 몇 날 며칠을 무릎 꿇었지만 입은 떨어지지 않고 속에서 화만 치밀어 올랐다.

'뭘 용서해? 날 봐 주지도 않았는데. 알아야 용서를 하
든지 말든지 하지!'

나의 진심은 엄마를 용서하고 싶지 않다였고 화해하지
않겠다였다. 그냥 포기할까도 생각했지만 한번 파헤쳐 놓
은 상처는 나를 더 헷갈리게 만들었다. 그리고 더 자주 분
을 내게 되었다. 견딜 수 없이 괴로웠다.

나는 내 힘으로는 안 된다는 생각에 치유집회며 기도
로 고쳐 주신다는 목사님들을 찾아다니기 시작했다. 그러
나 유명한 목사님을 만나고 상담사와 면담해도 바뀌는 것
은 없었다. 요지부동으로 변화되지 않는 나로 인해 절망했
고 더 분노했다.

하루는 정말 유명하신 목사님을 어렵사리 집으로 모시
고 특별 치유를 받기로 했다. 목사님이 내 상처에 대해 듣
고 치유를 하려는데 꿈쩍도 하지 않았다. 바늘구멍 하나 나
지 않았다. 얼른 이 시간이 지나가기만을 바랐다. 어렵게
모신 목사님께 면목이 없어서 나중엔 연기를 해 버렸다. 그
렇게 얼렁뚱땅 마무리하고 목사님 일행을 보낸 뒤 혼자 펑
펑 울었다.

"하나님, 이것도 아닙니까? 저 고침 받고 싶다고요. 왜 안 고쳐지냐고요. 왜 변화가 없냐고요. 왜 더 힘드냐고요. 1년 가까이 몸부림치는데 왜 아무 일도 안 일어나느냐고요?"

울며불며 소리치는데 나보다 더 많이 아파하시는 하나님의 마음이 들렸다.

"네 아픔을 내가 어찌 모르겠느냐? 네가 골방에서 혼자 울 때 내가 너보다 더 많이 아픈 것을…. 네가 나에게 오지 않고 사람을 찾아다니지 않았느냐! 네가 병 고침을 받으려면 나에게 와야 하는 것을 알지 않느냐? 너의 고백 듣기를 기다리는 나에게 오렴."

순간, 그동안 용하다는(?) 목사님을 찾아가 단숨에 해결받고 싶어 하던 내 모습을 보게 되었다. 하나님이 아닌 소문난 목사님들을 의지했던 것이다.

"네, 주님, 해보겠습니다. 고쳐 주실 거라 믿습니다."

다시 마음을 추스르고 매일 무릎을 꿇던 그 자리로 돌아갔다.

"주님 제가 왔습니다. 고쳐 주세요. 제 안의 찌꺼기를 깨끗이 닦아 새 그릇이 되고 싶습니다. 주님 쓰시기에 좋은 그릇이 되고 싶습니다. 제 아픔을 토해 놓겠사오니 주님,

저의 아픔을 만져 주세요. 전 이런 제가 너무 싫어요."

그러나 쉽지 않았다. 어찌나 깊게 뿌리를 내리고 있는지 토해 내고 토해 내도 나의 문제 속에서 길을 잃고 헤매는 것 같았다.

어느 날인가 캐나다에서 치유집회가 열린다기에 달려갔다. 가서 앉아 있는데 역시 아무 일도 일어나지 않았다. 또 실망했다. 그런데 내 형편을 잘 아는 목사님이 알선해 주어서 몇몇 분과 따로 치유 은사가 있는 그분을 만났다.

그런데 늘 완강하기만 하던 나는 거기서 힘없이 쓰러졌다. 더 당혹스러운 것은 그렇게 쓰러진 나를 내가 용납할 수 없다는 사실이었다. 쓰러진 내 모습이 너무 초라하고 싫어서 화가 머리끝까지 치밀었다. 나만 벌거벗겨진 것 같고 조롱당하는 것 같았다. 걷잡을 수 없는 무언가가 나를 건드렸다.

"저 사람들한테 넌 지금 웃음거리가 되고 있는 거야."

그분이 내 안의 분노를 용서하라는데도 걷잡을 수 없이 화가 치밀어서 몸을 움직일 수가 없었다. 나는 얼마 후 일어나 문을 박차고 나왔다. 아들은 붉으락푸르락한 내 얼굴을 보자마자 "엄마 화났어?" 했다. 나는 사람들이 보는 데서 당한 모욕감에 견딜 수가 없었다. 내 안에 구정물이 솟구치는 느낌이었다. 나는 더 포악해지고 날카로워졌다. 치유가 일어나지 않고 오히려 병이 도졌다. 난 내가 싫었다. 해결되지 않는 문제에 부딪히니 내 안의 분노가 나를 조롱해 댔다.

'넌 원래 그런 애야. 넌 막돼먹었어! 네 엄마는 널 버렸고, 넌 그렇게 자랐어.'

그날의 고통을 삭이기까지 꽤 오랜 시간이 걸렸다. 그러나 여전히 나를 조롱하는 소리가 들릴 때면 분노했다.

나는 오랜 시간 혼자서 그 문제 때문에 몸부림을 쳤다. 하지만 끝내 해결받지 못하고 한국으로 돌아오게 되었다.

한국에서 우연한 기회에 하신주 선교사님과 그린노트라는 공부를(아니 냉정하게 치유) 하게 되었다. 말씀으로 나를 비추며 무엇이 문제인지를 말씀 앞에 나를 세워 놓는 프로그램이었다. 말씀에 나를 놓고 비춰 보는데 참 힘들었다. 말씀이 나를 건드리기 시작하자 내 속에 있던 것들이 낱낱이 드러나게 되었다. 그리고 나의 상처를 순서별로 모양별로 비춰 보자, 내 안의 쓴 뿌리가 조금씩 드러나기 시작했다.

특히 삭개오를 보면서 단단한 껍데기 속에 갇혀 있던 내가 빠져나올 수 있었다. 누구와도 어울리지 못하고 악착

같이 일만 하는 콤플렉스 덩어리, 삭개오는 바로 나였다! 그런 삭개오를 예수님이 만나 주시는 장면에서 나는 눈물이 터졌다. 꺼이꺼이 울었다. 나를 만나 주시는 주님, 나를 잘 아시는 주님, 주님은 그토록 오랜 시간 해결되지 않던 내 상처를 말씀으로 어루만지고 치료해 주셨다.

그때 나는 치유는 하나님의 말씀으로만 이루어진다는 걸 배웠다. 빨리 해결받으려고 사람을 만나는 것이 방법이 아님을 배웠다. 돌아가는 길 같지만 그 길이 지름길임을 알게 되었다.

나는 이제 과거의 아픔을 사람들에게 나눌 수 있다. 그건 나를 단련시키기 위한 시간이었을 뿐이라고 그 상처를 사람들에게 보이며 이렇게 고백한다.

"저에게 이런 상처가 있었어요. 그런데 고침을 받았어요. 그걸 만져 주신 분이 바로 예수님이에요. 전 그분을 통해 치유를 받았어요. 그래서 지금은 이렇게 나았어요. 그분을 만나 보세요. 당신의 아픔을 만져 주실 거예요. 오직 말씀으로만 나를 고칠 수 있었어요."

나는 삭개오의 모습을 통해 나를 보게 되었고 하나님 아버지 앞에서 내 안의 상처를 드러내고 토해 낼 수 있었다. 한 달가량을 그 문제를 놓고 기도하며 토해 내자 "나의 아버지이신 하나님, 난 당신의 딸입니다"라는 고백이 나왔고 이후 나는 완전히 자유함을 얻었다. 나는 요즘 이렇게 말한다.

"내게는 네 명의 엄마가 있었습니다. 그들을 만나게 해 주신 하나님께 감사합니다."

고침을 받고 나니 나는 자유로워졌다. 그리고 나처럼 아픈 사람들을 안을 수 있게 되었다.

> "이제는 너희가 이 모든 것을 벗어 버리라 곧 분함과 노여움과 악의와 비방과 너희 입의 부끄러운 말이라"(골 3:8).

Part 4
"제가 가겠습니다"

새벽을
깨우라

　나는 드디어 2002년 9월 6일에 한국을 떠난 뒤 만 7년 만에 다시 돌아오게 되었다. 아무 계획도, 아무 대책도 없이 그저 주님이 주신 간절한 마음만 갖고 돌아왔다.

　늘 그랬지만, 과거에는 앞뒤 재지 않고 세상일을 저질렀다면 이제는 주님의 일로 사고치리라(?)는 마음으로 주님과의 약속만 들고 이 땅에 돌아왔다. 7년 만에 돌아온 한국은 너무나 낯설었다. 그래도 40년 넘게 산 땅인데 불과 7년 만에 어쩌면 이렇게 변할 수 있을까 싶다.

　그런데 그 7년의 세월 동안 변한 건 나도 마찬가지였다. 수십 년을 밤을 낮 삼아 살던 내가 화려한 불빛에 눈이 부시고 밤 10시가 넘어서도 거리를 가득 메운 사람들의 모습이 너무 낯설게만 느껴졌다. 화려한 밤이 안타깝고 늦은 시간까지 몸을 가누지 못하고 비틀거리는 사람들이 너무 마음 아파 눈물을 흘렸다. 이 땅을 어찌해야 하나 하는 애통하는 자의 마음이 되었다.

이제 나는 다시 한국에 적응해야 했다. 지난 7년 동안 놀던 물이 달라져서 이전에 놀던 물에 익숙해지는 시간이 필요했다. 그러는 사이 내가 왜 그 땅에서 7년을 훈련받고 왔는지 이유를 알 것 같았다.

나는 다시 새벽을 깨우기로 결심했다. 새벽에 나가 보니 예전에 보이지 않던 모습들이 눈에 들어왔다. 새벽까지 비틀거리며 술잔을 기울이고 있거나 술병들과 같이 널브러져 있거나 그때까지 자기 속내를 주저리주저리 털어놓는 사람들이 눈에 들어왔다. 나는 그들의 외로움이 느껴져서 그들을 위해 기도하기 시작했다.

"주님, 저 사람들도 당신의 자녀입니다. 그냥 버려두지 마시고 주님의 길로 돌아오게 해주십시오."

주님께 무릎을 꿇자 뜨거운 눈물이 흘러나왔다. 그들이 나처럼 느껴졌다.

나는 새벽을 깨우면서 이제 하나님이 일하실 거다, 나

를 보내셨으니 이제 뭔가 시작될 거다, 라는 기대로 가슴이 부풀었다. 하지만 몇 날 며칠을 기도해도 아무런 일도 일어나지 않았다. 나는 내가 이 땅으로 돌아오는 순간부터 무슨 큰일이 일어날 줄로 기대했다. 내가 가는 곳마다 물 위를 걷고 홍해가 갈라지는 성경 속의 기적이 일어날 줄로 기대했다. 그러나 아무 일도 일어나지 않았다. 그저 고요했다. 나는 실망해서 하나님께 따졌다.

"아니, 하나님 이 땅으로 돌아가라면서요? 그래서 왔잖아요. 근데 이게 뭐죠? 왜 아무 일도 안 생기죠? 뭔가 놀랄 만한 표적이 일어나고 사건이 터져야 하는 거 아닌가요? 이렇게 아무 일도 보여 주지 않을 거면서 왜 저한테 이 땅으로 돌아오라고 하셨어요?"

나는 뭔가 큰일을 보여 주고 싶어서 주님께 울며 보챘다. 그러자 주님은 그런 내게 전혀 다른 말씀을 하셨다.

"눈물로 단을 거두어라."

이건 또 무슨 소리인가? 내가 기도하는 뜻을 주님은 잘못 들으신 것 같다.

"주님, 무슨 단을 거두라는 겁니까?"

그러자 주님은 내게 끝도 없는 불모지를 보여 주며 말

245

씀하셨다.

"자, 이제 네가 눈물 흘려서 싹을 내야 할 땅이다. 곳곳에 씨가 뿌려져 있으니 눈물로 그 싹을 틔워라."

"아니 하나님, 내가 씨앗이 어디에 심겨 있는지 알아야 눈물로 싹을 내죠? 이런 넓은 땅에 언제 눈물로 싹을 내나구요!"

나는 기가 막혀서 다시 항변했다. 그러자 주님은 그 방법까지 가르쳐 주셨다.

"내가 곳곳에 씨를 뿌려 놓았으니 너는 눈물로 기도하라. 네가 무릎 꿇고 눈물로 기도하는 그곳에서 내가 보여줄 것이다. 그 눈물이 싹을 틔울 것이다. 그때까지 눈물로 기도해라."

그러면서 조용히 나를 타이르셨다.

"급한 마음으로 뛰지 말고 뜨거운 열정으로 일을 그르치지 말고 먼저 무릎으로 기도하라."

나는 그제야 깨달았다. 주만 바라봐야 한다는 걸, 내가 무얼 하는 게 아니라 주님이 하시는 것임을 알았다. 이 일은 내 열정과 내 생각으로 하는 게 아니었다. 기도하면 주님이 하시는 일이었다.

지난 며칠 떼를 썼던 것은 사실 세상을 향해 나를 드러
내고 싶은 욕심으로 인한 것이었다. 나는 여전히 주님을 앞
세워 내 의를 드러내고 싶어 하는 죄인이었다.

  그날부터 나는 무릎을 꿇고 내가 아는 연예인 후배들의
이름을 하나하나 부르며 그들을 위해 간절히 기도했다.

  그러나 라디오와 TV 프로그램으로 일이 바빠지면서 무
릎으로 기도하라는 주님의 명령을 하루 이틀 어기게 되었
다. 간간이 새벽기도를 빠지기 시작하더니 나중엔 아예 나
가지 않게 되었다. 간증을 다니면서 "새벽기도에 힘이 있
다, 먼저 시간을 드리자"고 말하면서 정작 나는 새벽을 깨

우는 일에 게으름을 피우고 있었다. 바쁜 일정으로 인해 천근만근으로 무거워진 몸만큼이나 마음도 새벽을 깨우지 못하는 것에 대한 죄책감으로 무거웠다. 내가 이 땅에 온 것이 새벽을 깨우기 위함이 아니던가.

"아버지, 마음이 너무 불편합니다. 그런데 몸이 말을 안 들어요. 만약 주님이 깨우실 수 있거든 절 알람 없이 깨워 주세요. 그럼 일어날게요."

다음 날 새벽, 눈이 번쩍 떠졌다. 일어나 보니 우리 집에서 키우는 개 두 마리가 내 얼굴을 핥고 있었다. 시계를 보니 새벽 4시 40분이었다. 알람 없이 깨워 달란 기도에 이렇게 응답하시다니, 놀라웠다. 그러면서도 '내일도 설마 개들이?' 하며 의심했다. 하지만 다음 날도 똑같은 시간에 개들이 똑같은 방법으로 나를 깨웠다.

그렇게 열흘 동안 새벽기도를 다닐 수 있었다. 11일째 되는 날 눈을 뜨니 아침 7시였다. '어떻게 된 거지?' 했더니 열흘간 새벽마다 나를 깨우느라 개들도 피곤했는지 널브러져서 곤히 자고 있었다. 하나님은 급할 때 나귀도 말하게 하신다더니 키우는 개도 들어 쓰시는구나. 하나님, 정말 꼼짝할 수가 없군요.

"여호와께서 나귀 입을 여시니 발람에게 이르되 내가 당신에게 무엇을 하였기에 나를 이같이 세 번을 때리느냐"(민 22:28).

이후에도 새벽기도 나가는 일은 참 어려웠다. 시간에 맞춰 눈을 떴다가도 그날 스케줄을 생각하면 무리가 될 것 같아서 다시 잠을 잤다. 하나님께 "사랑하는 자에게 잠 주시는 주님 감사 쿨쿨"(시 127:2 참조) 하고 변명을 했다. 하지만 마음 한편으로 죄송했다.

그러던 어느 날 성경 공부를 하는데 김남국 목사님의 말씀이 정신을 번쩍 들게 했다.

"나는 새벽에 2시간 30분 걸리는 거리를 가기 위해 그냥 일어나서 그냥 세수하고 그냥 문을 열고 나갔어요. 몸이 무겁고 힘들었지만 아무 생각하지 않고 정신 들기 전에 그냥 집을 나갔죠."

'그냥'이라는 말이 내 마음을 울렸다.

'그래, 나도 그냥 일어나서 정신 들기 전에 그냥 나가자. 오늘을 계산하지 말고 따지지 말고 그냥 나가자.'

이후부터 정말이지 그냥 일어나서 그냥 세수하고 그냥

옷 입고 그냥 교회로 간다. 정신도 못 차리고 그냥 간다. 그런데도 너무 행복하다. 그 기분은 안 해 본 사람은 모를 것이다. 아침 일찍 문을 열고 나가는 순간 확 느껴지는 산뜻하고 차가운 공기가 얼마나 맛난지 모른다. 그런데 그 맛난 새벽 공기는 나보다 더 부지런한 사람이 이미 갈라 놓은 뒤였다. 현관문을 열면 언제나 신문이 먼저 도착해 있는 것이다. 나보다 새벽을 먼저 깨운 그를 위해 잠깐 기도하고 교회로 향한다.

무엇이든
물어 보세요

나는 주님께 수시로 이것저것 여쭤보곤 한다.

어느 날은 예배 드리고 나오는데 어쩐지 2% 부족한 기분이었다. 기도를 더 하고 싶었다. 운전을 하고 집에 가는데도 계속 기도하고 싶은 생각이 들었다.

"하나님 아버지, 예배를 드리고 나왔는데 뭔가 아쉬워요. 좀 더 기도하고 싶어요. 어떻게 할까요?"

그러자 하나님이 나를 웃게 만드셨다.

"너 세상에서 놀 때 2차, 3차까지 다녔지 않니? 기도라고 2차가 없겠니?"

순간 웃음이 나왔다. 그러자 뒤에 앉아 있던 엄마들이 "왜?" 했다. 사정을 설명하자 엄마들이 "그럼 모처럼 기도 2차

뛰어 볼까?" 했다. 그래서 우리는 그날 예배 2차를 갔다.

하나님은 나를 웃게 만드신다. 하나님한테도 개그맨의 피가 흐르는 모양이다. 하나님은 나를 웃게 만드시지만 꼼짝 못하게 만드실 때도 있다.

"하나님, 저 사람은 도대체 왜 저래요? 아니 왜 저렇게 산대요? 아, 진짜 답답해요!"

그러면 하나님이 말씀하셨다.

"그러니 내가 널 보며 오죽 답답했겠니?"

또 한번은 "아니 하나님, 저 사람은 왜 저 모양이에요? 저래서야 언제 바뀌겠어요?" 하자 "넌 나이 쉰 되어 사람 됐다. 저 사람도 네 나이 될 때까지 기다려 줘라" 하셨다.

정말이지 하나님 앞에선 꼼짝할 수가 없다. 완전 꼼짝 마라시다.

나는 가끔 하나님께 이런저런 질문을 한다.

"하나님, 저는 어떤 사람이 될까요?"

하나님은 내게 퍼즐 모양을 보여 주셨다.

"하나님 이건 뭐예요? 퍼즐이잖아요."

"퍼즐은 정사각형이 없단다. 모양이 다 울퉁불퉁하지!"

"네."

"네 모양도 퍼즐과 같단다. 튀어 나온 부분은 누군가 들어가야 아귀가 맞잖니? 그처럼 너의 부족한 부분을 누군가 채워 주고, 너의 모난 부분을 누군가 안아 주는 거야. 그러니 너는 네가 있어야 할 자리에 정확이 있으면 돼. 조금이라도 비뚤어지면 퍼즐은 맞춰지지 않으니 완성할 수도 없단다."

나는 그게 무슨 뜻인지 알 것 같았다. 내가 있는 이 자리에 정확히 있어야 한다는 걸.

하루는 기도하는데 뜬금없이 배영하는 기분이 느껴졌다.

"아버지, 이건 뭐예요?"

"성령의 물에 귀까지 담그고 하늘만 봐라."

그거였다. 하늘만 보고 성령의 강물 안에 있어야 하는 거였다. 나는 이처럼 조금씩 주님의 마음을 알아 가는 것이 기쁘다.

엄마로서
부끄럽지만
않다면

한국에 다시 와서 처음 녹화를 할 때는 정말 낯설었다. 오랜 세월 내가 일하던 곳이건만 내가 떠난 7년 동안 70년의 반전이 있었던 듯하다. 우선 카메라가 엄청 많아졌다. 1시간짜리 프로그램을 녹화하는 데 무려 5~6시간을 촬영했다. 더구나 지난 7년간 기독교 언어에만 익숙해서인지 독해진 방송 언어들이 너무 낯설었다. 하마터면 녹화하다 "아멘" 할 뻔했다. 녹화장을 신기하게 둘러보는 내가 너무 웃기면서도 한편으로 적응하는 데 시간이 필요하겠다 싶었다.

새벽에 나가 기도하기 시작했다.

"하나님, 어색해서 불편해요. 내가 있던 곳인데 완전히 다른 세상이 됐어요. 어떡하죠? 이렇게 낯설 수가 없어요.

바보가 된 것 같아요."

나는 몇 날 며칠을 그 불편함 속에서 헤맸다. 상대방이 하는 얘기가 웃기지 않았고 나도 웃기지 못했다. 7년의 공백이 피부 속 아니 뼛속까지 파고들었다. 그러던 어느 날 말씀을 보다가 무릎을 쳤다.

"그때에 내가 왕의 술 관원이 되었느니라"(느 1:11).

느헤미야는 밥을 맡은 것도 아니고 국을 맡은 것도 아니고 술을 맡은 관원이 되었다! 나는 정신이 번쩍 났다.

'그래 이거구나. 하고 많은 업종 중에 느헤미야는 술을 맡았어! 사람들은 왜 예수를 믿는 사람이 술을 맡았냐고 하겠지만 아버지는 그에게 술을 맡기셨어.'

주님이 느헤미야를 술 맡은 관원이 되게 하셨듯이 나를 그 자리에 두시는 이유가 있을 거라는 생각이 들었다.

'그래, 자유하자. 내가 맡은 바 최선을 다하는 게 내 몫이다. 나를 이곳에 다시 세우신 뜻을 알 때까지 하는 거다.'

나는 무거웠던 거룩의 옷을 벗어버렸다. 그리고 다시 그들 속에 들어가기로 했다. 그렇게 방송을 하다가 우연히 보게 된 댓글로 인해 화가 나고 섭섭하고 억울해서 왈칵 눈물이 쏟아졌다. 거기에 적힌 나는 내가 아니었다. 완전히 뭉개져서 만신창이가 되어 있었다.

"하나님, 이 사람들은 저를 알지 못해요. 그런데 너무 억울하네요. 그러나 이젠 분내지 않을게요. 그냥 이 자리에서 제 일을 열심히 웃으면서 할게요. 그래도 보지 말걸 그랬어요. 마음이 어렵긴 하네요."

그때 마침 아들한테서 전화가 왔다.

"엄마?"

"어? 왜?"

"뭐 해?"

"그냥 있어."

"엄마 댓글 같은 거 보지 마."

"왜?"

"아니 어떤 인간이 뭐라고 해 놨길래 내가 거기다 댓글을 썼거든. 그런데 확 지워 버렸어."

"왜?"

"에이씨. 읽어 보니까 누가 봐도 이성미 아들이 쓴 거더라구."

"하하! 웃긴다, 너."

"엄마, 내가 엄마 알잖아. 엄마 어떻게 살았는지 내가 잘 알잖아. 그러니까 엄마 힘내."

"어 고마워. 힘낼게."

나는 전화를 얼른 끊어야만 했다. 코끝이 찡해지면서 눈물이 나는 걸 들키고 싶지 않았다. 혼자 울면서 그런 생각이 들었다. 우리는 세상 사람이 나를 알아주기를 바라며 애를 쓰지만 세상 사람이 아니라 가족만 알아주면 된다는 것을! 내 뒤통수를 보고 있는 아이들에게 앞으로도 부끄럽지 않은 엄마가 되면 된다는 것을!

연 합 예 배 를
드 리 다

나는 내가 무슨 일을 해야 하는지조차 주님께 온전히 맡기게 되었다. 주님은 철저히 나를 비우는 작업부터 시키셨다. 그런 다음 한 사람 한 사람 만나게 해주셨다. 곳곳에 숨겨진 보화들을 찾게 해주셨다. 참 놀라웠다. 하나님은 이미 모든 것을 준비하시고 내가 완전히 깨끗한 그릇이 될 때까지 기다리고 계셨다. 그러고는 연합하라는 마음을 주셨다. 그 뜻에 따라 아무런 계획도 없이 무작정 연합예배를 하기로 했다. 나는 여기저기 모임들을 찾게 되었다.

연예인들 중에 예수님을 믿기 위해 애쓰는 사람들이 많다는 것을 알게 되었다. 강균성(노을)을 통해 미제이를, 정준이를 통해 Cups를, 이성호 목사님을 통해 문미엔을, 충신교회의 샬롬방을, 온누리의 나즌별을 만났다.

주님은 연합하라는 마음을 주셨고, 아무런 준비도 없이 무작정 연합예배를 갖기로 했다. 그리고 모두가 함께해 달라고, 같이 가자고 부탁했다. 다들 하나가 되어 보자는 데 찬성했다. 나는 일단 설교자를 섭외하기로 했다.

내가 밴쿠버에 있을 때 꼭 만나 뵙고 싶던 분이 있다. 바로 김용의 선교사님이다. 연합예배에 첫 번째로 선교사님을 꼭 모시고 싶어서 무작정 순회선교단에 전화했다.

"안녕하세요? 저는 개그맨 이성미입니다. 죄송한데 김용의 선교사님과 통화할 수 있을까요?"

사무실에선 나의 연락 번호를 남기라면서 간사님 전화번호를 가르쳐 주었다. 나는 당장 간사님에게 장문의 문자를 보냈다.

"저는 이성미라는 개그맨입니다. 간사님, 김용의 선교사님을 꼭 만나 뵐 수 있도록 해주시면 감사하겠습니다. 이 문자를 선교사님께 전달해 주시길 바랍니다. 기다리겠습니다."

얼마나 간절했던지 나는 김용의 선교사님을 꿈에서 뵈었다. 꿈에서 만났으니 혹시 연락이 올까 기다렸지만 며칠이 지나도 답이 없었다. 다시 문자를 보냈다.

"지난번에 문자 드린 이성미입니다. 저 진짜 개그맨입니다. 전 저희 아이들을 살리고 싶습니다. 제 마음이 전달되면 감사하겠습니다. 뵙고 싶습니다!"

이후로도 문자를 몇 번 더 보냈다. 그러다 문득 내가 너무 진드기 같다 하지 않을까 해서 당분간 문자를 보내지 않기로 했다. 얼마 뒤 마산 집회에 다녀오는데 어떤 분이 자기는 강사 집 앞에까지 가서 기다렸다가 섭외했다고 말했다. 순간 내가 너무 안일했나 싶어 또다시 장문의 문자를 보냈다.

"지난번에 보내 드린 문자 보셨나요? 제가 꼭 만나 뵙고 싶습니다. 꼭 드릴 말씀이 있으니 문자 보시면 답 주시기 바랍니다. 부탁드립니다. 저희 아이들을 살리는 길입니다."

다음 날 라디오 방송을 위해 차를 타고 가는데 전화가 왔다.

"저, 이성미 집사님?"

"네, 전데요."

"잠깐만요."

목소리를 듣는 순간 간사님이구나 싶었다. 숨이 멎는

것 같았다.

"아, 여보세요. 저 김용의 선교삽니다!"

나는 하마터면 기뻐서 하늘로 올라갈 뻔했다.

"네, 선교사님. 전 개그맨 이성미입니다."

드디어 선교사님과 연락이 닿은 것이다. 선교사님과 직접 만나 자초지종을 설명하기로 약속하고 전화를 끊었다. 나는 그날 너무 흥분되어 밤잠을 설치기까지 했다.

약속한 날이 되어 벅찬 가슴을 안고 집을 나섰다. 무슨 얘길 어떻게 하겠다는 아무런 계획도 없어 그저 "주님, 제 입술을! 제 입술을!" 하고 기도하며 길을 떠났다.

선교사님과 만나기로 한 장소에는 놀랍게도 커피숍이 한 군데도 없었다. 여기저기 한참을 헤매다가 우리는 떡볶이와 튀김을 놓고 앉았다. 나는 밴쿠버에서부터 선교사님의 팬이었고, CD를 닳도록 들어서 선교사님 흉내를 낼 수 있을 정도라고 말했다. 그리고 자초지종을 설명하니 선교사님은 '우리 애들, 우리 애들' 해서 속 썩이는 자녀가 있는가 보다고 생각했단다. 내가 연예인 연합예배에 강사로 초빙하고 싶다고 하자 선교사님은 "나는 연예인들을 잘 몰라요. 이성미 집사님도 인터넷으로 우리 간사가 찾아 줘서 알

261

게 됐어요" 하셨다. 그러면서도 지금까지 연예인들과는 아무 상관없이 살아서 무슨 얘길 해야 할지 모르겠지만 일단 기도해 보겠다고 하셨다.

나는 확답을 듣지 못해서 아쉽긴 했지만 주님께 맡기기로 했다.

'주님 일인데 어련히 알아서 섭외해 주시지 않겠어?'

"주님, 책임지세요. 전 믿어요. 주님 일인데 안 해주시면 주님 손해인 거 아시죠?"

나는 가끔 겁 없는 기도를 한다.

며칠 뒤 선교사님한테서 연락이 왔다.

"내가 한 번 가지요. 주님이 가라시네요."

나는 너무 기뻐서 펑펑 울었다.

"주님, 최고! 감사합니다. 주님이 하셨습니다."

강사 섭외가 끝난 며칠 뒤 하용조 목사님을 뵙고 말씀을 나누게 되었다. 연예인 연합예배를 하겠다고 하자, 하 목사님은 "이 집사, 잘 생각했어요. 뭐든 도와줄게 해봐요" 하셨다. 목사님은 필요한 게 있으면 뭐든지 말하라고 하셨다. 그런데 갑자기 뭐가 필요한지 생각이 나지 않아서 일단 장소를 빌려 달라고 부탁했다. 목사님은 그 자리에서 온누리교회 순형홀을 쓰라고 하셨다.

그러고 보니 내가 생각해도 참 한심했다. 일은 벌여 놓고 준비는 하나도 되어 있지 않았다. 연합예배를 위해 무엇이 필요한지조차 염두에 두지 않고 있었다.

일단 찬양을 강균성에게 부탁했다. 얼마 후 기꺼이 돕겠다며 착한 섬김이 이지희가 나타났다. 뜻하지 않은 사람들도 몇몇 나서 주었다. 그들의 마음 씀씀이가 너무 고마워서 와락 눈물이 났다. 일단 예배 전에 김밥과 과일을 먹기로 했다.

드디어 첫 예배는 아무런 준비 없이 맨땅에서 이루어졌다. 순형홀에 의자를 놓았다. 윤복희 권사님이 첫 예배인데 많이 오지 않을 거라며 30개만 놓자는 걸 나는 혹시 모르니 50개는 놓자고 했다. 우리는 의자를 50개 놓고는 의자마다 다니며 여기에 오는 사람들이 주님의 사람이 되게 해 달라고 기도했다.

그런데 바깥을 보니 거센 바람과 함께 비가 억수같이 퍼붓기 시작했다. 순간 속상하고 화가 나서 주님께 볼멘소리를 했다.

"주님 날씨가 이러면 누가 오겠어요. 아니 하필이면 오늘 이렇게 비바람이 부냐구요."

주님은 아무 말씀이 없으셨다. 난 계속 씩씩거리며 기도했다. 예배 시간은 7시 30분인데 사람들은 6시 30분부터 모여들기 시작했다. 10분 뒤에 준비한 50석이 다 찼다. 우리는 촘촘히 붙여서 30줄을 더 놓았다. 예배 시간이 되자 놀랍게도 100명가량이 왔고, 나중엔 의자가 없어서 여기저기서 공수해 와야 했다. 결국 그날 그 좁은 공간에 120명이 다닥다닥 붙어 예배를 드렸다.

나는 뒤에 앉아서 엉엉 울었다. 미련 맞게도 비가 와서 사람들이 안 올 거라며 주님께 투덜거린 내가 너무 한심했고 그럼에도 이렇게 모이게 하신 주님께 고마워서 펑펑 울었다.

윤복희 권사님의 시작 기도는 우리를 울렸다.

"주님, 주님이 우리를 불러 모으셨군요. 우리가 이렇게 모여서 예배를 드리다니 너무너무 감사합니다."

나는 윤복희 권사님의 기도를 들으며 벅찬 감동과 함께 주님의 일하심에 눈물이 멈추질 않았다. 그날 우리의 예배는 새벽 1시 반에 끝났다. 모두 시간이 어떻게 흘러갔는지 모르게 예배에 푹 빠졌다. 김용의 선교사님은 열정을 다해 우리를 십자가의 복음 앞에 다시 서라고 부르짖으셨다. 그 안에 내가 있음을 얼마나 감사했는지 모른다. 그리고 고백했다.

"주님, 주님의 일은 주님이 하십니다."

"아버지께 참되게 예배하는 자들은 영과 진리로 예배할 때가 오나니 곧 이때라 아버지께서는 자기에게 이렇게 예배하는 자들을 찾으시느니라"(요 4:23).

나는
한 명의
예배자를
찾는다

첫 예배를 드리는 동안 나는 물이 포도주로 변한 걸 목도한 가나 잔칫집의 하인의 심정이었다.

나는 한 달에 한 번씩 예배를 드리겠다고 선포한 뒤 다음 달 예배를 준비하기 시작했다. 김용의 선교사님을 찾아뵙고 너무 감사했다고 인사한 뒤 한 번 더 와 주십사 부탁했다. 선교사님은 그 자리에서 흔쾌히 다시 오겠다고 허락하셨다.

그리고 놀라운 사실을 말씀해 주셨다. 나를 처음 만나러 가던 날, 윤복희 권사님으로부터 뵙고 싶다는 메일이 왔었다는 것이다. 연예인으로는 유일하게 아는 윤복희 권사님이 왜 하필 그날 메일을 보내셨을까!

나는 주님의 계획하심에 마냥 눈물이 났다.

어느덧 다음 달이 되어 다시 의자를 놓았다. 예수님이 찾아온 무리를 위해 먹을 것을 준비하신 것처럼 음식도 정성껏 준비했다.

드디어 예배 시간! 나는 또 초조해지기 시작했다. 몇 명이나 올까?

"하나님, 많은 아이들이 왔으면 좋겠어요. 마음껏 말씀 듣고 변화받을 수 있도록. 아이들이 지난번보다 더 오면 어떡하죠?"

예배 시간에 맞춰 하나 둘 도착하기 시작했다. 나는 한 사람이라도 더 오길 계속해서 기도했다. 그런데 예배가 시작되자 지난번보다 적은 100명가량이 모였다.

"아니 주님, 왜 애들이 줄었죠? 부흥은 계속 늘어나는 게 아닌가요? 근데 숫자가 줄었다고요."

내가 실망해서 투덜대자 주님은 이렇게 말씀하셨다.

"너는 숫자가 중요하니? 나는 숫자가 중요하지 않다. 사람의 숫자가 많아지는 게 부흥이 아니라 한 명의 예배자가 세워지는 게 부흥이다. 너는 사람의 숫자에 연연하지 말라. 구경꾼은 떠나갈 것이고 제자만 남을 것이다."

그 순간 나는 망치로 머리를 맞은 듯이 멍해졌다. 하나님의 계획과 뜻은 언제나 옳았고 놀라웠다.

"주님, 사람의 숫자에 연연하지 않겠습니다. 주님이 찾으시는 그 한 명의 예배자를 찾는 그런 예배를 하겠습니다. 오늘 주님이 찾으시는 예배자가 없다면 제가 그 예배자가 되겠습니다."

주님이 찾으시는 그 한 명의 예배자가 되는 것, 그것이 내가 할 일이고 우리가 가야 할 길이었다. 그래서 우리 예배의 타이틀은 이렇다.

'주님은 한 명의 예배자를 찾으십니다. 그게 바로 당신입니다.'

이제 나는 사람이 많이 오건 적게 오건 신경 쓰지 않는다. 오직 예배에 온 마음을 다해 집중한다. 그리고 이중의 누군가가 신령과 진정으로 예배드리는 예배자로 세워지길 기도한다. 우리의 예배지에는 이런 글이 있다.

'촬영 안 됩니다. 섭외 안 됩니다. 녹음 안 됩니다.'

우리는 철저하게 우리끼리 모여서 마음껏 찬양하고 기도하며 눈물 흘리고 감사함으로 예배드리는 데 집중한다. 오직 주님께 집중하는 예배를 드린다. 그리고 예배 속에서 삶으로 살아 내는 예배자가 나오리라 믿는다.

"하나님은 영이시니 예배하는 자가 영과 진리로 예배
할지니라"(요 4:24).

○

내가
할 일과
하지
말아야 할 일

○

　우리가 드리는 예배의 소문을 듣고 알음알음 찾아오는 연예인이 생기기 시작했다. 나는 사람들에게 예배 한 달 전, 예배 일주일 전, 예배 하루 전, 예배 당일에 문자를 돌렸다. 이왕이면 더 많은 연예인들이 오기를 바라며 기도로 문자를 돌렸다. 처음에는 단체 문자로 돌리려다가 혹시라도 문자가 안 가면 어쩌나 싶어 마음을 바꿔 한 사람 한 사람 이름을 보며 문자를 보냈다.

　그런데 개중에는 예배에 참석하면 오히려 산만해서 예배에 방해가 될 것 같은 사람도 있었다. 일부러 문자를 보내지 않으려 했는데, 주님이 물으셨다.

　"너 그 아이는 왜 빼니?"

"예? 아! 예. 너무 시끄러울 거 같아서요. 얘는 예배에 방해가 될 것 같아요. 얘가 다른 애들한테 미움을 받거든요. 앤 안 와도 돼요."

그러자 주님이 나무라셨다.

"너 지금 뭐 하는 거니? 누가 네 마음대로, 네 판단대로 부르고 부르지 않고를 결정하라고 했니? 내가 네 손을 빌려서 문자를 보내는 건데, 왜 네 마음대로 결정하니? 네가 빼놓은 그 아이에게 문자를 보내거라."

마음이 무거워져서 "아니 하나님, 얘는…" 하면 주님은 입도 못 떼게 막으셨다.

"내 마음으로 하겠다 하지 않니! 내가 너를 믿고 어떻게 일을 시키겠니? 너 말고도 할 사람 많다."

나는 깜짝 놀라 "주님 제가 잘못했습니다. 보내겠습니다" 하고 눈 딱 감고 문자를 보냈다. 그리고 그가 오더라도 예배에 방해되지 않게 해 달라고 기도했다.

그런데 놀랍게도 안 오길 바란 그 연예인이 예배에 참석하더니 내 손을 붙잡고 너무 은혜받았다고 감사 인사를 하는 게 아닌가! 더구나 그는 그날 이후 주님 앞에 서기 위해 애쓴다고 했다. 하마터면 나 때문에 그는 그날 주님의 은혜를 받지 못할 뻔했다. 그래서 그 삶의 변화가 더 늦어질 뻔했다. 내가 그의 신앙에 걸림돌이 될 뻔했다.

주님께 죄송하고 그에게 미안해서 얼굴을 들 수가 없었다. 이후 나는 모든 연예인에게 빠짐없이 문자를 보낸다. 그들이 오건 안 오건, 내 문자에 답을 하건 안 하건 주님의 마음으로 정성을 다해 문자를 보낸다. 거기까지가 내가 할 일이라는 걸 알기 때문이다.

가끔 소그룹 모임을 인도하는 사람들이 어려움을 호소하곤 한다.

"언니, 문자를 보내도 답이 없어요. 봤는지 안 봤는지 궁금해서 문자를 또 보내도 또 답이 없어요."

그러면 나는 이렇게 대답한다.

"우리 몫은 초청하는 것까지야. 그가 모임에 오건 안 오건, 우리가 보낸 문자에 답을 하건 말건 그건 주님이 하실 일이야. 우리는 철저하게 주님의 마음으로 이 일을 해야 해. 그렇지 않으면 작은 일에 상처받아서 교회를 떠나는 일까지 있을 수 있어."

하나님의 일은 내 마음으로, 내 노력으로 하는 게 아님을 주님의 훈련을 통해 나는 알게 되었다. 그래서 나는 늘 주님의 마음으로 하나님의 일을 하려고 노력한다. 마르다가 아닌 마리아의 마음으로. 그러면 누가 오건 안 오건, 문제가 생기고 어려워도 그저 감사하고 기쁘다.

"하나님 이 아이도 왔어요. 하나님 쟤도! 하나님 저 아이도요!"

나는 문제 있는 사람들이 올 때 더 기쁘다. 그들 한 사람 한 사람이 너무나 소중하다. 문 앞에서 기다리는 주님의 마음을 알게 돼서 너무 기쁘다.

어떤 연예인은 가끔 내게 다른 연예인의 생활을 일러바친다. 나이트 간다고, 놀러 간다고, 누구랑 사귄다고, 심지어 누구는 안 왔으면 좋겠다고 요청하기도 한다. 그러면 나는 이렇게 말한다.

"너무 미안한데 기도하자. 나 역시 문제가 많은 사람이라 그 아이를 내칠 수가 없다. 성경에 보면 완벽하다고 생각하는 사람은 주님 곁에 없더라. 가난한 자, 병든 자, 창녀, 세리들이 주님 곁을 지켰어. 나 역시 그랬고. 그 아이가 변하면 더 놀라운 일이 일어날 거야. 나는 그 아이를 위해 진심으로 기도해. '주님 저 아이 알고 계시죠. 그 아이를 주님이 변화시켜 사용하실 때까지 제가 기도하겠습니다'라고."

나는 모든 연예인을 사랑하고 싶다. 그러려고 애쓴다. 왜냐하면 내가 죽고 싶을 만큼 외로워 보았고, 상처투성이로 울어 본 적이 있었고, 사랑에 목말라 본 적이 있기 때문이다. 그들의 외로움과 상처와 목마름을 알기에 나는 그들을 위해 기도한다. 그들을 품을 수 있는 이는 오직 주님밖에 없으므로 주님께 품어 달라고 기도한다.

> "새 계명을 너희에게 주노니 서로 사랑하라 내가 너희를 사랑한 것같이 너희도 서로 사랑하라 너희가 서로 사랑하면 이로써 모든 사람이 너희가 내 제자인 줄 알리라"(요 13:34-35).

몇 번의 예배를 드리고 나서 나는 수련회를 갖자고 제안했다. 아무 대책도 없이 또 저질렀다. 실제로 나는 수련회를 한 번도 간 적이 없다. 내 생애 처음인 수련회를 내가 기획하겠다고 나선 것이다.

"우리도 수련회를 합니다."

장소는 온누리교회 양재성전을 빌렸다. 얼마 전까지만

해도 거기에 숙박 시설이 있어서 가능했다. 몇 명이 될지 모르지만 그냥 한다고 했다. 참 겁 없이 일 저지르는 은사를(?) 주셔서 감사하다. 말씀은 김용의 선교사님께 부탁드렸다.

그런데 나는 수련회를 훈련소로 착각해서 새벽부터 밤까지 기도하고 찬양하고 말씀 듣는 것으로 빽빽하게 짰다. 2박 3일간의 일정 동안 말씀으로 무장되기를 바랐기 때문인데 연예인들은 너무 힘든 일정으로 볼멘소리를 냈다.

"무슨 수련회가 아침 먹고 예배, 점심 먹고 예배, 저녁 먹고 예배냐!"

하지만 나는 후배들의 투정을 듣고 오히려 행복했다. 투덜거리는 그들이 귀여웠다. 조잘거리는 그들이 있어서 감사했다. 다음 해 수련회에도 나는 김용의 선교사님을 모시고 똑같은 일정으로 진행했다. 그 아까운 시간을 다른 것으로 채우고 싶지 않아서였다.

온누리 양재성전은 수련회 장소로 그만이었다. 일단 거리가 가까워서 일정이 복잡한 연예인들이 들락거리기가 편했다. 그런데 다음해 온누리 양재성전이 공사를 하는 바람에 안타깝게도 다른 장소를 물색해야 했다. 여기저기 알아

봤지만 형편에 맞는 곳이 없었다. 그러다 광림 비전랜드를 알게 되었는데, 이보다 화려할 수 없을 만큼 너무 좋았다. 문제는 비용이었다. 특별히 헌금을 걷지 않으니 우리 형편으로는 언감생심이었다.

그러던 차에 개그맨 김효진의 남편이 광림교회를 다닌다는 소문을 듣고 목사님을 만날 수 있도록 주선해 달라고 했다. 목사님을 뵙고 우리 사정을 설명하자 뜻밖에도 목사님은 흔쾌히 수련회를 하라고, 도와주시겠노라고 허락해 주셨다.

"주님! 우리 아이들을 이렇게 보살펴 주셔서 너무 감사합니다."

그 순간 주님이 나를 위로하셨다.

"애쓴다, 내 딸."

다시 눈물이 왈칵 쏟아졌다.

한편, 나는 연예인 후배들이 예배하고 상담하고 편하게 모일 수 있는 장소가 있으면 좋겠다 싶어 혼자 기도하고 있었다. 후배들의 쉼터를 만들어 주고 싶었다. 그러던 어느 날 어떤 분이 자신의 집을 내놓을 테니 한번 와서 보라고 했다. 나는 단숨에 달려갔다. 하나님은 참 응답도 빨리 하신다 싶었다. 시내에서도 가깝고 너무 마음에 들었다. 그런데 그분은 1억 정도 들여서 고치고 쓰다가 집이 팔리면 나가 달라고 했다.

나는 황당했다. 고민해 보겠다 하고는 집에 돌아오는 차 안에서 떼를 쓰기 시작했다.

"하나님, 이건 뭔가요? 아이들 쉼터로 좋은 곳을 주시는 줄 알았는데 이게 뭔가요?"

하나님은 내게 이런 마음을 주셨다.

"왜 넌 기도도 하지 않는 아이들이 하늘에서 뭔가 뚝 떨어져 받기를 원하느냐? 모두가 그런 마음이 생겨 기도할 때 내가 줄 것이다. 아이들에게 좋은 것만 주려 하지 마라. 그 아이들도 기도해서 받는 걸 배워야 한다."

나는 그때 알았다. 어느 날 갑자기 하늘에서 뚝 떨어지는 것이 좋은 것이 아니라 합력하여 기도하고 그것을 함께 볼 수 있는 것이 축복이라는 것을 말이다.

간증계의
이효리

　사실 우리 연합예배에는 예산이 없다. 처음 시작할 때부터 강사 섭외 비용이며 모인 후배들을 위한 간식 비용이며 아무런 대책이 없었다. 무작정 선포하고 일을 추진했을 뿐이다. 그러나 막상 연합예배의 윤곽이 잡히고 당장 비용이 발생하자 고민되기 시작했다. 주님께 무릎을 꿇자 주님께서 기발한 지혜를 주셨다.

　내 인생에서 주님이 하신 일들을 간증해서 비용을 마련하기로 한 것이다. 하지만 간증을 하자니 덜컥 겁이 났다. 예전에 뭣 모르고 간증했다가 그만둔 일이 있기 때문이다. 간증 자체가 어렵기도 하지만 연예인 간증은 위험부담이 컸다.

하지만 나는 개인적으로 이름 있는 사람만 간증하는 게 못마땅하다. 간증은 삶으로 하나님을 증거하는 것인데, '하나님을 믿었더니 잘 먹고 잘살게 되었더라, 큰 인물이 되었더라, 사업에 성공했더라, 팔자가 폈더라' 같은 유명인의 간증이 너무 많기 때문이다. 마치 '잘되기 위해 믿어라' 하는 것 같지 않은가. 사실 잘되는 걸로 치면 다른 종교도 못지않을 것이다. 그래서 나는 간증하는 것이 조심스럽고 두려웠다.

"하나님! 제가 어떻게 간증을 해야 하나요?"

하나님은 "다윗이 언약궤를 들고 올 때 기뻐 춤췄던 것처럼 너도 기쁘게 주님이 하신 일을 증거하면 되지 않겠니?" 하셨다. 그러나 내가 주님의 일을 기쁘게 증거하더라도 다윗의 아내처럼 조롱하는 사람도 있을 것이라고도 일러 주셨다. 하나님의 말씀을 듣자 두려움이 사라졌다. 오히려 감사했다.

그래, 맘껏 주님만 찬양하자. 주님이 하신 일을!

"여호와의 궤를 멘 사람들이 여섯 걸음을 가매 다윗이 소와 살진 송아지로 제사를 드리고 다윗이 여호와 앞에서 힘을 다하여 춤을 추는데 그때에 다윗이 베 에봇을 입었더라 다윗과 온 이스라엘 족속이 즐거이 환호하며 나팔을 불고 여호와의 궤를 메어오니라"(삼하 6:13-15).

첫 번째 간증은 온누리교회 새벽기도회 때 했다. 고(故) 하용조 목사님이 부르시더니 "새벽기도 나오지? 간증해!" 하셨다. 마음을 먹었음에도 막상 단상에 서려니 두렵고 떨리고 조심스러웠다. 얼마나 기도를 하고 올라갔는지 모른다.

"주님, 내 입술이 아닙니다. 주님만 나타나게 저는 죽고 오직 주님만…."

어떻게 간증을 했는지 지금도 그때만 생각하면 정신이 하나도 없었던 것밖에 기억나지 않는다. 그 후 여기저기서 간증 섭외가 들어왔다.

후배들은 혼자 애쓰는 내가 안쓰러워 연합예배를 위해 간증 앵벌이를 다닌다고 했다. 하지만 나는 예산도 없는 연합예배를 위해 간증할 수 있어서 감사했다. 마땅히 손 벌릴 데도 없었는데 하나님이 길을 열어 주셔서 간증으로 받은 사례비로 연합예배도 꾸리고 수련회도 갈 수 있으니 감사했다.

후배들은 나를 '간증계의 이효리'라고 놀렸다. 하지만 나는 간증을 위해 단상에 설 때마다 내가 드러나지 않고 주님만 드러나길 간절히 기도했다.

"하나님, 내 손 잡아 주세요. 입술에 파수꾼 세워 주셔서 내가 드러나지 않고 주님만 드러나게 해주세요."

"오버하지 않게 해주세요."

직업이 직업이니만큼 웃기기 위해서 살을 붙이려는 욕심이 생기는데 더하지도 빼지도 않으려고 특히 조심했다. 다행히 간증 요청이 여기저기서 들어왔고, 나는 들어오는 순서대로 서고자 했다. 그런데 가끔 무리하게 새치기하려는 사람이 있는가 하면, 심지어 전화로 협박(?)하는 사람도 있다. 어떤 목사님은 대뜸 전화해서,

"KBS의 누구 아나?"

"모르는데요."

"MBC 누구는?"

"네? 더 모르겠네요."

"그럼 극동방송의 누군?"

"전 잘 모르는데요. 실례지만 누구세요?"

"아 나 ××교회 목산데 좀 오지?"

했다. 어떤 목사님은 다 끝나고 나오면 주기로 했던 사례비를 깎기도 했다. 연예인이 왔다고 이렇게 많이 모이면서 왜 내가 설교할 땐 안 오냐고 야단치는 분도 있었다. 어떤 교회는 '새신자 초청잔치'라고 해서 갔더니 단상에서 트로트 메들리를 부르는 곳도 있었다. 어떤 목사님은 연예인보다 짧게 설교할 수 없다며 자신은 한 시간 설교할 테니 40분만 간증하라고 했다.

나는 간증을 하러 가서 목사님들께 여쭤본다.

"제 간증 들어보셨어요"라고!

그런데 놀랍게도 열에 하나만 내 간증을 들으시고 다른 분들은 전혀 들어보지 않으셨단다.

"아니 그럼 어떻게 저를?"

"이성미씨 간증이 좋다고 해서요."

나는 마음이 착잡하다. 다른 데 서는 것도 아니고 단에 서는데, 그곳은 지성소와 같은 곳인데, 어떻게 내가 어떤 사람인지 묻지도 않고 그저 소문만 듣고 세운단 말인가. 유명하다는 이유만으로 아무나 서도 되는 곳이 아닌데. 나는 두려움과 떨림으로 단 위에 서는데 초대한 분들은 당연히 말 잘하는 개그맨 자격으로 나를 세운다 싶어 못내 아쉽다.

이처럼 어떤 교회는 마음이 어렵고 어떤 교회는 은혜가 넘쳤다.

그러던 어느 날 문득 어쩌다 하루쯤은 사례비를 받지 말아야겠다 싶어서 그날 당장 잡혀 있는 세 군데에서 사례비를 받지 않기로 했다. 하나님은 나의 마음을 예쁘게 보셔서 더 큰 기쁨으로 채워 주셨다.

첫 번째로 간 곳은 전부 50명가량이 모이는 광명에 있는 아주 작은 교회였다. 간증을 마치자 목사님이 봉투를 내미시는데 오늘은 사례를 안 받기로 했으니 누군가 필요한 분에게 드리라 하고 기쁜 마음으로 자리를 떴다.

'오우 이 기분 괜찮은데!'

"하나님 저 어때요? 잘했죠? 칭찬해 주세요!"

콧노래가 나왔다.

다음 행선지는 서해안의 작은 시골 교회였다. 고속도로를 달리다 휴게소에 들러 화장실을 다녀오는데 어떤 여자분이 너무나 조심스럽게 "저기요" 했다.

"네? 저요?"

"네! 저기 혹시 실례가 안 된다면 제가 김치를 담아서 드리고 싶어서요. 팬이에요."

순간 하나님이 주신 선물이구나 했다.

"저기 주소 주시면 제가 김치 좀 보낼게요. 이상하게 생각하지 마시고요!"

"아뇨, 전혀요. 제 번호예요, 입력하세요."

서로 번호를 주고받은 뒤 차에 올랐다.

"하나님, 보너스예요? 김치? 아웅 뭘 이런걸. 그럼 다음 시골 교회도 기대해요."

한 시간이 넘게 달려 당도하니 그야말로 작은 시골 교회였다. 동네 입구에 들어가니 이장님의 낯익은 마이크 소리가 들렸다.

"잠시 후 3시에 개그맨 이성미 씨가 우리 ××교회에 간증을 오십니다. 어르신들, 버스가 지금 돌고 있으니께 그 버스 타고 교회로 오셔요. 오늘은 떡국도 준비되어 있습니다."

넓은 벌판에 혼자 우두커니 서 있는 시골 교회는 내 마음속에 쏙 들어왔다. 들어가 보니 모두 어르신들이었다. 허리가 굽고 주름이 깊게 팬 어르신들이 서울에서 온 연예인을 보겠다고 앉아 계시는데 갑자기 와락 눈물이 났다. '지금 여기 앉으신 어르신들 덕분에 이나마 살고 있는데 우리가 이분들을 너무 잊고 사는구나. 너무 외면했구나' 싶어 눈물이 났다.

그 와중에 청소년 세 명이 앉아 있었는데 눈에 확 띄었다. 한 친구는 피아노 반주를 했고 한 친구는 주보를 나눠 주고 있었다. 너무나 반가운 마음에 "너희 할머니랑 살아?" 했더니 목사님 딸이란다.

"저기 피아노 치는 건 우리 누나예요. 그리고 저기 혼자 앉아 있는 저 아이는 부모님이 이혼하고 할머니한테 와 있는 아이예요."

나는 그 아이들이 너무 고마웠다. 이곳의 어르신들과 함께 있는 그 아이들이 너무나 고마웠다. 그리고 왜 저녁 예배가 아닌 3시 예배인지 곧 알게 되었다. 시골은 해가 일찍 떨어져서 어르신들이 예배 끝나고 집에 돌아가려면 길이 너무 어두워서였다.

예배 후 나는 어르신들과 기념사진을 찍었다.

"어르신들, 이 나라를 지켜 주셔서 감사합니다."

그 어르신들을 섬기기 위해 그곳을 함께 지키고 있는 목사님과 사모님을 보니 마음이 먹먹했다. 화려하고 좋은(?) 것

285

들을 버리고 이 시골에 내려와 어르신들을 지키는 그분들이 너무나 소중했다.

나는 그곳을 떠나며 오래도록 손을 흔들었다.

'우리 아버지도 살아 계셨다면 어르신들과 같은 연배이셨을 텐데 ….'

잠시 아버지를 떠올리고 있는데 차에서 달그락거리는 소리가 들렸다. 매니저에게 트렁크에서 소리가 나는데 뭐냐고 물으니 "아 네. 감자랑 계예요" 했다.

"사례도 안 받으시고 해서 목사님이 살아 있는 게랑 농사지은 감자를 주셨어요."

나는 또다시 받은 선물에 감격했다.

"하나님, 세 번째 가는 일산도 기대합니다."

일산에는 저녁 7시쯤 도착했다. 교회가 참 아름다웠다. 예배를 위해 들어가 찬양을 듣는데 어디서 많이 듣던 목소리 같았다. 혹시 심형진 전도사? 연합예배에 초대하고 싶어서 여기저기 수소문하던 분이었다. 나는 그 자리에서 기도했다.

"하나님, 제가 찾는 심형진 전도사가 맞다면 먼저 아는 척하게 해주세요. 제가 혹시 실수하면 안 되잖아요."

밴쿠버에서 예배할 때 만나 뵌 그분이 맞다면 나를 먼저 안다고 말할 것이고, 아니면 그냥 지나갈 것이다, 이렇게 나름대로 작전을 짰다. 부목사님이 나를 소개해서 단상에 올라가려는데 전도사님이 내려오면서 아는 척하셨다.

"집사님, 오랜만이에요. 밴쿠버에서 뵙고⋯."

"앗, 맞다 맞다! 전도사님, 이따가 잠깐 저 좀 봐요."

그날 나는 그렇게 애타게 찾던 심형진 전도사님을 만났다. 하나님은 하나님의 일엔 철저하게 응답하시는 분이었다. 나는 그날 돈보다 더 귀한 하나님의 사람들을 보게 되었다. 간증을 하면서 참 많은 것을 얻고 배우게 되었다.

그러던 어느 날 나는 간증을 마친 뒤 사람들의 반응을 살피는 나를 발견했다. 교인들이 "은혜받았습니다" 하면 내 어깨가 올라갔고, 아무 말도 안 하면 내심 섭섭했다.

그날 나는 이제 간증을 더해서는 안 된다는 걸 알았다.

"하나님, 맨날 똑같은 간증 이제 좀 쉴게요. 이건 아닌 거 같아요. 이제 업그레이드된 간증을 하고 싶어요."

하나님도 나와 같은 마음이셨던 모양이다. 그래서 나는 지금 간증을 하지 않는다. 그러나 내 삶에서 주님이 더 많이 일하시는 것을 본다. 그래서 오늘도 간증이 쌓여 간다.

우리 모두는 각자의 삶 속에 하루하루 간증을 쌓아 간다. 유명해서, 잘나가서, 높은 자리에 올라서 하는 그런 간증이 아니라 아버지의 자녀로 삶을 살아 내는 한 사람 한 사람의 간증이 더 소중하다. 아버지를 만나고 높아진 위대한 사람들보다 십자가의 삶으로 낮아진 사람들의 얘기가 더 귀하다.

예수님을 알고 나니 낮은 곳으로 오셔서 우리를 위해 십자가에 못 박히시고 부활하신 그 주님을 따라 낮은 곳에서 이름도 빛도 없이 일하는 많은 분들의 삶으로 살아 낸 간증이 진짜 간증이라는 걸 알게 되었다.

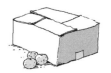

"주님 일은
주님밖에 하실
이가 없어요"

　그렇게 연합예배가 자리를 잡아 갈 무렵 나는 혼자서 꾸려 가기가 벅차다는 생각을 했다. 또 앞으로 뭘 어찌해야 할지 막막하기도 했다. 나는 우리를 가장 잘 아시는 하용조 목사님과 사모님을 만나기로 하고 일본으로 향했다.

　두 분은 후배들과 나를 반갑게 맞아 주셨다. 저녁을 먹고 나자 하 목사님은 내게 "힘들지?" 하셨다. 나는 힘 없이 "네"라고 했다.

　"힘들 거야. 그런데 그렇게 가는 거야."

　"목사님, 어떻게 해야 할지 모르겠어요. 아무것도 모르겠어요."

　그러자 하 목사님은 씨익 웃으며 말씀하셨다.

"그게 목회고 그게 주님 일이에요. 이 집사, 내가 알고 가는 길은 사람이 하는 일이지만 주님 일은 주님밖에 하실 이가 없어요. 지금 잘 하고 있어요. 그냥 모르고 따라가세요. 넘어지는 거, 실패하는 거 두려워하지 말고. 주님은 그 것도 쓰시거든. 넘어지면 주님 붙들고 일어나서 또 모르고 가면 돼요. 가다 뒤돌아보면 주님이 하셨다는 고백을 하게 될 거예요."

나는 목사님의 말씀이 나에게 주시는 하나님의 위로 같았다. 나는 눈물을 훔치며 "네, 해볼게요. 목사님, 감사합니다" 하고 헤어졌다. 그게 하 목사님을 개인적으로 본 마지막이었다.

하 목사님이 돌아가시던 날, 나는 꿈을 꾸었다.

이른 아침에 본당에서 조정민 목사님과 내가 사회를 본다고 마이크를 들고 있는데 두 방의 총성이 들렸다. 한 방은 기둥에 큰 구멍을 냈고, 한 방은 어디로 갔는지 보이지 않았다.

그때 누군가가 하 목사님이 돌아가셨다고 멘트를 하라고 했다. 나는 무슨 말도 안 되는 소리를 하느냐고 마이크를 내려놓았다. 다시 한 번 얼른 발표하라는 소리를 듣고 잠에서 깼다.

나는 조심스럽게 조정민 목사님께 문자를 드렸다.

"목사님, 혹시 하 목사님…?"

"하 목사님, 방금 소천하셨습니다."

하 목사님이 돌아가셨다는 소식을 듣고 나는 이제 누구에게 의논을 하느냐며 목놓아 울었다.

그 후 프랜시스 챈 목사님이 온누리교회에 오셨다.

"이 교회는 사람의 것이 아닙니다. 슬퍼만 하지 말고 일어나십시오."

나는 정신이 번쩍 들었다. 그리고 나를 추스르기 시작했다.

"하 목사님, 천국에서 저희 예배드리는 거 보이시죠? 넘어져도, 몰라도 주님이 그만하라 하실 때까지 갈게요. 감사해요. 천국에서 봬요!"

그날을
위하여

마흔두 살의 나이에 캐나다에 가니 제일 두려운 건 언어였다. 'Yes'냐 'No'냐, 이 단어 하나로 얼마나 큰일이 벌어지는지 아찔했다.

나는 학교 기초반에 들어가 나름대로 열심히 외우고 또 외우면서 공부했다. 그런데도 뒤돌아서면 잊어버렸다. 어쩌면 그렇게 기억나지 않는지, 정말 나 자신이 너무 한심했다. 하지만 학교 다니는 일은 재미있었다. 선생님들은 내가 열심히 하니까 잘한다고 격려를 아끼지 않았다. 그 말에 자신감을 얻고 밖에 나가 캐나다 사람들한테 말을 걸면 그들은 눈만 껌뻑거렸다. 심지어 못 들은 척 가 버리는 사람도 있었다.

아니, 선생님들은 나한테 잘한다는데 왜 내 말을 못 알아듣는 거야? 그런데 비밀은 거기에 있었다. 선생님들은 나를 가르치기 위해서 어떻게든 듣고 대답해 주지만 그들은 나에게 관심이 없는 것이다. 그들은 자기 일도 바빠서 더듬거리는 영어를 들어 줄 여유가 없는 것이다. 그런데 내가 "미안한데, 내가 영어를 잘 못한다. 날 좀 가르쳐 줄래?" 하면 귀 기울여 주고 친절하게 대답해 주었다.

아무튼 영어를 배우고 공부하고 시도하는 일은 재밌고 신났다. 그런데 문제는 전화 통화할 때였다. 얼굴을 대면해서 얘기할 때는 그 사람의 얼굴 표정이나 손짓 발짓을 보고 짐작해서 이해할 수 있는데, 전화로는 그런 것이 전혀 안 통했다. 속 터질 일이 하나 둘 생기기 시작했다.

어느 날 계산서가 날아왔는데 보험증서 3개, 백화점 카드 1개, 기부증서 2개가 들어 있었다. 도대체 이게 뭔가 해서 전화를 했다(사실은 전화기를 들었다 놓기를 몇 번이나 했다). 사정 얘기를 차근차근 했더니 내가 "Yes!"를 세 번 했다는 것이다. 그래서 난 빼도 박도 못하고 1년 동안 보험과 기부증서, 백화점 카드를 갖게 되었다.

이후 하나님께 기도하기 시작했다.

"아니 하나님, 제가 캐나다에 온 건 영어를 배워 제3국의 선교사로 가야 하는 사명 때문이 아닌가요? 이렇게 영어를 못해서야 어떻게 다른 나라에 가서 살겠어요? 영어는 기본으로 해야 하는데 이건 도대체 늘지가 않아요. 하나님! 제가 영어를 못해서 선교하는 데 지장이 있으면 안 되잖아요? 영어도 못하면서 선교를 어떻게 하지요? 어디로 보내실 겁니까?"

몇 날 며칠을 기도하면서 내가 가야 할 선교지를 가르쳐 달라고 떼를 썼다. 그러던 어느 날 내 마음에 '북한!'이라는 단어가 떠올랐다.

'그래 북한! 어렵게 가지 말자. 말이 통하는 나라 북한을 품으면 되는 것을 괜히 끙끙 앓았구나.'

이후 나는 영어에 대해 자유해질 수 있었다. 영어 못하는 것에 대해 불평하지 않았고 애쓰지도 않았다. 그리고 이때부터 북한을 품고 기도하기 시작했다. 그러던 어느 날 하나님은 내 안에 이런 마음을 주셨다.

"60~70년대에 너희 어머니, 할머니 세대가 복에 복을 달라 해서 복을 준 것을 후회한다. 너희가 금 하나를 사이에 두고 한쪽은 배가 고파 죽고, 한쪽은 배가 터져서 죽고…."

그 순간 나는 꺼이꺼이 울면서 회개했다.

"하나님, 잘못했습니다. 우리에게 주신 복을 누리고 나누며 살아야 하는데 썩혀 버리고 있습니다. 너무 잘못하고 있습니다. 용서해 주세요."

나는 그들의 배고픔이 얼마나 극심한지 알지 못한다. 겨우 자료 화면을 통해 짐작할 뿐이다. 나는 그동안 내가 배부른 것에는 감사했지만 그들의 배고픔은 돌아보지 못했다. 내가 더 먹지 못해, 더 입지 못해 버리기 전에 먼저 나누어야 했음을 알지 못했다.

그러던 중 가수 션의 소개로 탈북 청소년들을 위한 여명학교를 알게 되었다. 아이들 공연에서 사회를 보았는데, 그 아이들이 그냥 내 아이들 같았다. 그저 내 안에서 울컥거리는 눈물을 누르느라 애를 써야 했다. 이 아이들이 죽음을 넘어 이 땅에 왔다고 생각하니 따뜻하게 안아 주고 싶었다.

공연을 마치고 나서 졸업생들에게 밥을 사겠노라고 했다. 아이들이 햄버거를 좋아할 거라 생각해서 햄버거 가게를 운영하는 개그맨 이홍렬 오빠에게 부탁했다. 20여 명의 졸업생들과 함께 햄버거를 먹으러 갔는데 정작 아이들이 잘 먹지 못했다. 치즈며 케첩이 너무 낯설어서 입맛에 맞지 않는 모양이었다. 아이들에게 뭐가 먹고 싶냐니까 고기랑 냉면이란다. 아이들한테 한 번이라도 물어봤으면 맛난 음식을 대접했을 텐데 미안했다. 다음에 꼭 사 주겠다고 약속하고 아이들과 헤어졌다.

이후 아이들과 문자를 주고받고 있다. 특히 한 명의 남자아이와 두 명의 여자아이는 내 아들딸처럼 여기고 문자하면서 안부를 묻는다. 자주 만나 챙겨 주지 못하는 것이 미안하고 안타깝다. 그중에 한 아이가 이런 말을 했다.

"엄마(그 아이들은 나를 엄마라고 한다. 너무 좋다), 한국에 와 보니 우린 여전히 북한 사람이에요. 여기 오면 자유가 있어서 너무 좋을 줄 알았는데 한국 사람들은 우리를 받아들여 주지 않아요."

가슴이 아팠다. 죽음을 무릅쓰고 자유를 찾아온 그들을 우리는 외국인 근로자보다 더 못 하게 대한다. 그들은 북한에서 대동강 건너 이사 온 우리 민족인데 말이다. 어떤 목사님이 이런 말씀을 하셨다.

"북한이 아니라 우리가 문제입니다. 철저히 이기주의로 가는 우리가 통일이 되는 걸 바라지 않고 있습니다. 다음 세대 아이들은 통일을 원하지 않을 수도 있습니다."

정말 그런 것 같다. 탈북 아이들은 한국에 와서 처음에는 일반 학교에 들어갔다가 결국엔 탈북자들을 위한 학교로 간단다. 남한 아이들이 처음에는 사투리 듣는 재미로 접근했다가 결국엔 따돌리기 때문이란다.

북에서 온 사람들이 남한에서 적응하고 사는 훈련을 하는 것은 물론 필요하고 중요하다. 그런데 남한 사람들이 북한 사람을 이해하고 그들과 어울려 사는 훈련도 해야 한다고 생각한다. 아니 어쩌면 소수인 그들보다 다수인 우리가 더 많이 배우고 훈련받아야 하는 게 아닌가 싶다.

죽음을 무릅쓰고 이 땅에 온 그들이 여전히 북한 사람으로 살지 않고 우리와 함께 어울려 살도록 우리가 노력했으면 좋겠다.

우리 아이들은 북한 아이들을 어떻게 대해야 하는지 한 번도 배운 적이 없다. 그래서 북한 아이들이 상처를 많이 받는다. 나는 그 아이들에게서 내 모습을 본다. 어릴 때 아무도 돌봐주지 않던 내 모습을!

북한에서 온 아이들을 우리가 둘씩만 품어 주면 좋겠다. 그냥 아이들에게 문자하고 가끔이라도 밥 먹고 영화 보고 수다 떨고 내 친척처럼 내 가족처럼 정을 나누었으면 좋겠다. 그래서 북한이 열리는 날 그 아이들이 선교사로 들어가 복음을 전했으면 좋겠다.

나를 엄마라고 부르는 북한 아이들이 힘들어할 때면 나는 아이들을 이렇게 위로해 준다.

"너희를 죽음을 무릅쓰고 이 땅에 보내신 이유가 있을 거야. 포기하지 마. 하나님이 북한이 열리는 날 너를 쓰기 위해 먼저 보내신 거야. 우리 같이 준비하자. 하나님께 기도하며 함께 가자."

나는 그 아이들을 북한이 열리는 날까지 안고 갈 거다. 그리고 지금도 사람들에게 북한에서 온 아이들 둘씩만 자식삼아 달라고 부탁한다. 그 아이들이 목말라 하는 남한 사람의 사랑을 나누는 일을 함께했으면 좋겠다. 그래서 북한이 열리는 날 누구보다 그 땅을 잘 아는 아이들이 그 땅을 바로 세우길 기도한다. 한 아이를 품는 남한의 어른들이 많아지면 좋겠다.

응답하지
않은 것도
응답이다

어느 늦은 가을날이던가. 바람이 꽤 차가운 날이었다.

캐나다에서 알고 지내던 목사님에게서 전화가 왔다. 지인이 가수로 데뷔했는데 몸이 안 좋으니 한번 만나 달라는 것이었다. 그는 이미 암이 꽤 많이 퍼져 있는 상태였다. 잠시 후 그의 매니저에게 전화가 와서 무작정 만나기로 했다. 만나서 뭐라고 말해야 할지 막막했지만 하나님이 그를 만나게 하는 데는 이유가 있을 것이라고 생각했다. 아무래도 혼자 가는 게 자신이 없어서 탤런트 김자옥 언니한테 같이 가 달라고 요청했다.

매니저는 반갑게 언니와 나를 맞아 주었고 전후 사정을 좀 더 들려주었다. 어릴 때 교회를 다녔으나 지금은 다니지 않으며 몸이 몹시 안 좋은 상태라고 했다. 매니저가 안내하는 조그만 방으로 들어서자 핏기 하나 없이 깡마른 그가 있었다. 눈물이 나오려는 걸 억지로 참았다. 나는 마땅히 할 말을 찾지 못해서 다른 얘기만 했다. 혹시 젊은 그가 상처받을까 봐 조심스러웠다.

반면에 언니는 몸은 어떠냐, 항암은 했냐, 뭘 먹냐, 뭐든 먹어라, 그래야 기운이 난다 하며 이런저런 얘기를 해주었다. 언니와 함께 온 게 너무 다행이었고 그런 언니에게 너무 고마웠다. 한 시간가량 얘기를 나누고 기도한 뒤 우리는 헤어졌다. 언니는 그가 너무 말라서 안쓰럽다며 빨리 나았으면 좋겠다고 했다. 나는 집에 돌아와 그를 위해 기도했다.

"하나님, 난 그 아이의 아픔을 모릅니다. 내가 암에 걸리지 않아서 그 아이의 마음을 모릅니다. 그러나 하나님, 그 아이에겐 백 일밖에 안 된 딸이 있습니다. 그 어린 딸을 봐서라도…."

그 딸을 생각하니 마음이 너무 아파서 엉엉 울었다.

"하나님 모세가 기도했던 것처럼 생명책에서 제 이름을 지우셔도 좋으니 저 대신 그 아이를 올려 주십시오. 그리고 그 아이를 살려 주십시오. 딸도 너무 어리고 아직 할 일이 많은 아이입니다. 하나님, 제가 그 아이 대신 죽을 수 있다면 그렇게 하겠습니다. 전 암이 걸리지 않아서 그 아이의 아픔이 어느 정도인지 모르지만 그 아이의 아픔을 알 수 있다면 암도 무섭지 않습니다. 하나님 도와주십시오."

그 자리에선 아무 말도 해줄 수 없었지만 그를 위해 하나님께 엎드리자 애통하는 심정으로 간절히 기도하게 되었다. 이후 문자로 서로의 안부를 주고받았다.

그러던 어느 날 나는 〈비타민〉이라는 프로그램에서 50대 대표로 검진을 받는 촬영을 하게 되었다. 여기저기 검진을 하는데 갑자기 분위기가 심상치 않았다. 의사들이 모여서 쑥덕거리더니 바삐 무언가를 고민하고 의논했다. 잠시 후 내게 조직 검사를 해 보자고 조심스럽게 말을 건넸다.

"조금 아프실 거예요. 확실치는 않지만 검사 결과 모양이 조금 이상해서 해 보는 거니까 너무 걱정하지는 마세요. 검사 결과는 일주일 뒤에 나와요. 암이 아닐 수도 있으니까요."

조직 검사를 하러 갔는데 의사가 이렇게 말했다. 나는 순간 그가 생각났다. 집에 돌아오자마자 그에게 문자를 했다.

"너한테만 얘기하는 건데, 차라리 내가 아프면 좋겠다고 기도했어. 나는 우리 부모님이 아픈 것만 봐서 네 아픔을 모르잖아. 넌 아직 젊고. 그래서 내가 대신 아팠으면 좋겠다고 기도했는데 오늘 나도 조직 검사를 했어. 결과와 상관없이 그래. 웃기지. 이게 내 맘이야. 나도 널 위해서 너도 날 위해서 서로 기도할 수 있어서 감사해."

이후 우리는 자주 문자를 주고받았다. 문자 수다쟁이가 된 것처럼 우리는 급격히 친해졌다.

"아프지 마세요. 결과는 건강하다고 나올 거예요."

"너랑 바꾸자면 바꾸고 싶은데.ㅋㅋ"

"ㅋㅋㅋ"

"이겨 낼 거지? 내가 진심으로 기도하고 있어. 해줄 게 없어서 미안하다."

"꼭 이겨 낼게요."

"따뜻해지면 맛난 밥 먹자."

일주일 뒤 의사 선생님으로부터 전화를 받았다. 마침 연합예배를 드리는 날이라 정신이 없었다.

"유방암 초기예요. 괜찮을 거예요. 무서워하지 말아요. 내가 잘 수술해 줄 테니까 얼른 날 잡읍시다."

나는 그냥 "네네"만 하다가 전화를 끊었다. 그리고 그에게 문자를 했다.

"나도 뭐가 생겼대. 수술해야 한대. 암이래."

"심각한 건 아니죠?'

"어! 감사해. 너랑 말이 통하니까. 너두 나랑 같이 놀아 줘야 해. 초기야. 이제 암 친구다. ㅋㅋ"

"기도할 게요. 그리고 저 나아지면 신혼여행 갔다와서 교회 가려고요."

"그건 나중에 생각하고 얼른 나아라. 그리고 난 걱정 안 해. 네가 있잖아. 넌 날 위해서 기도하고 난 널 위해서 기도 하고."

우리는 그렇게 서로의 아픔을 나누고 위로하는 좋은 친 구가 되었다.

내가 조금 아파 보니 그 아픔을 알 것 같았다. 그는 이 제 멤버들과 같이 교회에 나갈 거라면서 빨리 낫기만을 꿈 꿨다. 몸은 점점 안 좋아졌지만 나는 나을 거라고 확신했 다. 내가 기도했으니까, 낫게 해달라고 했고 암이 걸려도 된다고 했으니까, 내 기도를 들어주셨고 들어주실 테니까.

그러던 어느 날 그가 갑자기 쓰러졌다는 전화를 받았 다. 조금만 먹어도 토하고 고통스러워하는 그를 두고 볼 수가 없었다. 가슴이 찢어지는 것처럼 너무 아팠다. 잠시 정신을 차린 그는 주일에 예배를 드리고 싶다고 했다. 나는 급히 조정민 목사님께 예배를 부탁드렸고, 우리는 병원에서 예배를 드렸다. 그는 예배드려야 한다며 몸을 일으켰고 찬양까지 손수 골랐다.

"내 주를 가까이하게 함은… 내 일생 소원은 주 찬송하면서 주께 더 나가기 원합니다."

나는 하염없이 눈물을 흘렸다. 속도 상하고 화도 났다. 그날 나는 집에 돌아와 하나님께 떼를 쓰기 시작했다.

"하나님, 살려 주세요. 저렇게 보낼 수는 없습니다. 제 기도를 들으셨잖아요. 그런데 저는 암에 걸리고 저 아이는 죽으면 반칙이에요. 살려 주셔야 해요. 기도를 반만 들어주시는 건 안 돼요."

나는 하나님께 그를 살려 달라고 매달렸다. 다음날 그는 다시 혼수상태가 되었다. 나는 마음이 힘들어 기도조차 할 수 없었다. 다음 날 저녁 만사 귀찮아서 "오늘은 못 갈 것 같아. 무슨 일 있으면 전화해" 하고는 눈물만 흘리고 있는데 전화가 왔다.

"지금 세상을 떠났어요. 천국 갔어요."

순간 어떤 말도 할 수 없었다. 눈물도 나오지 않았다. 단지 하나님께 억지를 부렸다.

"하나님, 이건 아니잖아요. 저 아직 수술한 지 얼마 되지도 않았어요. 제가 기도한 거 잊으셨어요? 제가 그 아이랑 생명을 나눈다고 했잖아요!"

병원에 가니 그는 마치 자는 것처럼 평안하게 누워 있었다. 얼굴에도 미소가 가득했다. 금방이라도 뭐라고 말할 것처럼 환한 그의 얼굴을 물끄러미 바라봤다. 가슴이 무너지는 것 같았다.

'혹시 3일 만에 일어날지도 몰라. 저러다 일어날 수도 있어.'

하지만 그는 다시 깨어나지 않았다. 영원히 저세상으로 떠났다. 나는 지금도 그가 많이 보고 싶으면 우리가 나눈 문자를 본다. 그리고 하늘을 본다.

"잘 있지? 곧 만날 거야. 천국은 고통이 없으니까 편히 쉬고 있어라."

나는 그를 보내고 한동안 많이 힘들었다. 하나님이 내 기도를 들으셨으니 나을 거라고 철석같이 믿었건만 나는 아프고 그는 끝내 다시는 돌아오지 못할 길을 떠났다. 나는 내 기도를 들어주시지 않은 하나님이 너무 원망스러웠다.

그러던 중 또 다른 사건이 터졌다. 그 사건은 하나님을 원망하던 내 마음을 완전히 돌려놓았다.

그가 떠난 뒤 얼마 후 아는 동생한테 전화가 왔다. 친언니가 암에 걸렸는데 한번 와 줄 수 있냐고 했다. 지인의 언니는 40대 초반의 예쁘고 착한 사람이었다. 나는 나도 암이니 암 친구끼리 친하게 지내자고 농담처럼 말하고는 기도해 줘도 되냐고 물었다. 절에 다닌다는 그녀는 그러라고 했다.

"하나님, 이 친구는 아직 하나님을 알지 못해요. 그래서 제가 기도하는 게 불편할 수도 있어요. 그런데 전 아는 게 하나님밖에 없어요. 제가 믿는 하나님 잘 좀 부탁드려요."

돌아오는 길에 하나님이 왜 이 사람을 만나게 했는지 궁금했다. 다음 날 나는 그녀에게 문자를 보냈다.

"안녕하세요. 이성미예요. 어제 만나 보고 와서 마음이 아파 계속 기도했어요. 오늘은 이런 기도를 했어요. '하나님, 제가 믿는 하나님을 아직 만나지 못한 딸이 있습니다. 근데 아파요. 저를 만나 주신 것처럼 그 딸도 만나 주세요. 얼마나 외로울지, 얼마나 힘들지 생각만 해도 마음이 아파요. 그러니 그 딸이 당신의 이름을 부를 때 만나 주시고 안아 주시고 고쳐 주세요.' 오늘도 힘내세요."

그러자 그녀에게 답장이 왔다.

"네 집사님. 오늘은 좀 아파서 힘이 드네요. 매일 밤 혹시 오늘이 마지막인가 해서 잠도 잘 못 이루겠어요."

그녀는 건강할 때는 죽고 싶을 때도 많았는데 막상 죽음을 앞두고 보니 살고 싶다면서, 건강한 어제를 잃고 나니 두려움이 몰려온다고 했다. 나는 하나님께 기대 보라고 했다. 그분이 정말 살아 계신지 보여 달라고 기도하라고 했다. 그러자 불교신자인 그녀가 이렇게 답장을 보냈다.

"네. 열심히 간절히 기도할 게요. 아직 할 일도 많고 하고 싶은 것도 너무 많으니 말예요. 어제 기도해 주신 집사님의 목소리가 지금까지 여운이 남네요. 힘든 발걸음, 힘든 말씀들, 격려들 모두 감사해요."

나는 만물을 창조하신 하나님께서 우리의 세포 하나하나를 다 아시니 그분을 믿고 기도하자고 매일 문자를 보냈고, 그녀도 누군가에게 희망이 되고 싶다면서 나를 위해 기도해 주겠다고 했다. 우리는 자주 만나지 못했지만 문자로 서로 격려하는 사이 제법 친해졌다.

그러던 어느 날 그녀의 증세가 갑자기 나빠졌고, 내게

울며 문자를 보냈다.

"하나님, 너무 아파하잖아요. 이번에도 아닌가요?"

중환자실로 옮겨졌다는 소식을 듣고 나는 바닥을 뒹굴면서 떼를 썼다. 그러다 문득 병원에 가야겠다 싶어 달려갔다. 병실에는 큰언니와 나랑 친한 동생이 그녀의 수발을 들고 있었다. 나는 병상 세례를 제안했고, 급히 삼성병원에 있는 김정숙 목사님께 전화를 드렸다. 목사님은 세례증서까지 준비해 오셨다. 우리는 그녀를 대신해 찬양을 부르고 기도를 했다. 고통스러워하는 그녀의 고통을 차마 두고 볼 수 없었지만 그나마 세례를 받은 것이 위안이 되어 집으로 돌아올 수 있었다.

다음 날 아침 꿈을 꾸었다. 그녀가 꿈속에서 깨끗한 옷으로 갈아입더니 나를 바라보며 활짝 웃었다. 나는 눈을 뜨는 순간 오늘 이 친구가 떠나는 모양이다, 했다.

"언니, 우리 언니가 갈 것 같아요. 인사하시라고요."

예상대로 전화가 왔다. 나는 전화를 바꿔 달래서 이렇게 말했다.

"너 하고 싶은 대로 해. 나는 살려 달라고 기도했지만 네가 힘들면 힘들다고 하나님께 말해. 떠나고 싶으면 떠나도 돼. 우리는 널 계속 옆에 두고 보고 싶지만 고통스러우면 네가 원하는 대로 해. 우린 천국에서 만날 거잖아. 사랑한다. 정말 아주 많이. 많이 보고 싶을 거야."

수화기 건너편에서 소리가 들렸다.

"언니, 우리 언니가 울어요. 더 얘기해 주세요."

나는 그녀의 마음이 어떤지 알 수 없었지만 가능한 편히 보내고 싶었다.

"하나님은 네 편이시란다. 너의 기도를 다 듣고 계시고 너를 사랑하신단다. 어떤 생각도 하지 말고 그저 감사하며 지금 너만 생각해. 너를 사랑하는 사람들만 생각해."

전화를 끊고 나는 꺼이꺼이 울었다.

"하나님, 이 아이가 편히 가도록 도와주세요."

오후 2시 반쯤 전화가 왔다. 그녀의 부음 소식이었다. 일을 마치고 서둘러 가니 그녀는 환하게 웃고 있었다. 얼마 전에 떠나보낸 그도 이렇게 환하게 웃고 있었다.

나는 그제야 깨달았다. 내가 기도한 대로 살아야만 응답이 아니라 이렇게 웃으며 천국 가는 것도 응답임을, 어쩌면 이것이 더 큰 축복일 수 있음을. '그리 아니하실지라도'의 고백이 나왔다. 나는 하나님께 삐친 마음을 풀고 기도했다.

"하나님, 저의 어리석음을 이제 알았습니다. 저는 다 살아야 기적이고 나아야 주님이 일하신 거라고 생각했는데 이렇게 아름다운 모습으로 잠든 그들을 보니 제가 얼마나 어리석었는지 이제야 알겠습니다. 제 생각대로 제 기도한 대로 응답되는 것만이 응답이 아님을 이제야 알았습니다. 하나님, 저도 웃으며 하나님께 가기를 소망합니다."

"주님,
제가
여기
있습니다"

　나는 5년 동안은 조심해야 하는 암환자다. 초기니까 괜찮다고 하는데도 사람들은 걱정을 많이 한다. 특히 우리 큰아들이 걱정이 태산이라서 잔소리가 많다. 처음에 암 판정을 받았을 때 힘들지 않았다면 거짓말일 것이다. 암이라는 단어가 주는 힘(?)이 있다. 그런데다 부모님 두 분이 암으로 돌아가시는 걸 봐서인지 마음이 그랬다. 의사 선생님이 아무리 조심스럽게 말했어도 나는 심장이 쿵쾅거리는 걸 느꼈다. 연합예배 중이라 일단 예배는 드렸지만 아무것도 들리지 않았다. 하염없이 눈물만 나왔다. 그리고 예배가 끝난 후 집으로 돌아와 베갯닛을 적시며 울었다.

　"하나님, 저 암이래요. 무섭지도 두렵지도 않은데 슬퍼

311

요. 우리 엄마가 제 나이 열세 살에 암으로 돌아가셨거든요. 그런데 지금 우리 딸이 열세 살이에요. 타이밍도 기가 막히네요. 하지만 저 잘할 수 있겠죠? 저도 우리 딸 나이에 떠나는 건 아니죠?"

아무리 좋은 생각을 하려 해도 눈물이 멈추지 않았다. 무엇을 기도해야 할지 모른 채 그저 눈물만 흘렸다. 그렇게 뒤척거리다가 다음 날 아침을 맞았다. 나는 멍청해지기로 했다. 아무 생각도 안 하기로 했다.

병원에 가니 절차는 왜 그리 복잡하고 검사는 또 왜 그리 많은지, 진을 다 뺐다. 주변엔 온통 아픈 사람뿐이었다. 모두 힘없이 시선 둘 곳을 잃고 앉아 있었다. 다들 내 친구들이구나 싶었다. 여기저기 검사를 하고 날짜를 잡는데 아들이 전화를 했다.

"엄마 암이라며? 괜찮아? 병원에서 뭐래? 안 힘들어? 몇 기래? 나을 수 있대?"

아들은 쉴 새 없이 질문을 해댔다.

"어, 나 괜찮아. 초기라 수술하면 괜찮대."

"엄마, 잘 알아보고 해야 해. 확실하대? 진짜 암이래?"

아이는 억지로 눈물을 참고 있는 듯했다.

"엄마 힘내. 내가 있잖아!"

"어 그래. 고마워 걱정하지 마. 잘할게. 넌 네 일이나 잘해."

아들은 울고 있는지 아무 말이 없었다. 병원에 입원하러 가기 전날, 이것저것 옷가지를 챙기는데 눈물이 났다. 두 딸이 지켜보는데도 주책없이 눈물이 흘렀다. 그때 나는 내가 얼마나 약한 사람인지 알았다.

'수술하다 죽는 건 아니겠지? 마취에서 깨어나지 못하면 어쩌지?'

별 생각이 다 들었다. 나는 친한 동생들한테만 수술 소식을 알렸다. 동생들은 너무 놀랐는지 아무 소리도 못했다. 울고 있는 것 같았다. 나는 그들에게 기도해 달라고 하고 혼자 내 방 책상에 앉아 이런저런 생각에 잠겼다. 그때 벨소리가 울리더니 딸들이 소리를 지르며 방으로 달려왔다.

"엄마, 빨리 나와 봐. 오빠가 왔어!"

"어? 새벽까지 나랑 문자했는데 오빠가 왔다구?"

나가 보니 아들이 정말 와 있었다.

"엄마, 놀라게 하는 거 성공! 엄마 내가 서프라이즈 선물이야."

순간 울컥했다. 엄마가 걱정되어 날아온 아들이 너무나

고마웠다. 덕분에 모처럼 가족이 한 자리에 모였다. 영문을 모르는 동생들은 오빠가 온 사실에 그저 기뻐서 들떴다. 끝없이 조잘대는 아이들을 보니 참 행복했다. 이 행복이 너무나 소중했다.

"조 목사(우리 남편은 아들을 조 목사라고 부른다), 엄마 내일 병원 가는데 기도 한번 하지?"

그때 갑자기 남편이 아들에게 기도를 부탁했다. 그러자 아들은 돌아가면서 모두 기도하자고 제안했다. 먼저 은비, 은별이가 기도하고 남편이 기도했다.

"하나님, 은기 엄마 내일 수술하러 갑니다. 그동안 많이 고생했는데 치료해 주시고 우리 식구 모두 다 간절히 기도하니까 꼭 고쳐 주세요."

내 차례가 되었다. 나는 담대하게 기도하겠다고 계속 마음을 추슬렀다.

"하나님, 저 살고 싶어요."

그런데 내 입에서 나온 말은 뜻밖에도 '살고 싶다'였다. 순간 나는 너무 놀랐다. 그동안 나의 진심을 숨기고 기도한 것인가! 나는 그때 내 진심이 무엇인지 알게 됐다. 그래 맞다. 나는 살고 싶다. 이 시간을 좀 더 벌고 싶고 내 아이들을 더 오래 보고 싶다. 결국 나는 흐느끼며 내 마음을 토해 냈다.

"하나님, 무섭고 두렵고 떨려요. 살고 싶고요. 그리고 아이들이랑 더 사랑하며 사랑 주며 살다 가게 해주세요."

더 이상 기도할 수가 없었다. 아들은 내 어깨를 토닥이더니 기도하기 시작했다.

"하나님, 우리 엄마 아시잖아요. 강한 거 같지만 엄청 약한 거. 주님이 잘 아시잖아요. 살려 주실 걸 믿어요. 그리고 이제 더는 안 아프게 해주세요. 하나님, 우리 가족이 간절히 기도합니다. 우리 엄마…."

아들도 말을 더 잇지 못했다. 우리는 그냥 눈물만 흘렸다. 나는 내 방에 들어와서도 눈물이 나와 아무것도 할 수가 없었다. 아들은 내게 와서 조용히 말했다.

"엄마, 하나님이 지켜 주실 거야. 힘내! 나도 있잖아."

다음 날 아침 보따리를 싸서 병원으로 향했다. 입원실로 가는데 많은 암환자들이, 아니 내 친구들이 눈에 밟혔다. 모두 모자를 쓰거나 링거를 맞은 채 휴게실에서 핏기 없는 얼굴로 앉아 있었다.

그날 밤, 연예인 후배들이 찾아왔다. 나는 울지 않으려고 그들을 일찍 보내 버렸다. 후배들은 수술 잘하라고 안아 주더니 뒤도 돌아보지 않고 나가 버렸다. 우는 모습을 들키지 않으려고 그런다는 것을 나는 잘 안다. 저녁 때 남편과 아들이 또다시 기도해 주었다. 나는 오늘 눈 감아도 원이 없겠다 싶을 만큼 행복했다. 나를 위해 기도해 주는 가족이 있어 참 행복했다. 행복이 별것 아니구나를 또 한 번 느끼는 순간이었다.

아침이 되자 선생님은 내 어깨를 툭툭 치며 금방 끝나는 수술이니 걱정하지 말라고 하셨다. 나도 걱정하지 않기로 이미 마음먹은 터였다. 잠시 후 수술실로 향하는데 남편과 아들이 내 손을 잡으며 잘할 수 있다고 위로했다.

수술실 문이 열리자 간호사가 "보호자는 여기 계시구요. 환자만 들어가셔야 합니다" 했다. 나는 그 순간 '아, 이제 정말 혼자구나. 아무리 사랑하는 사람도 나 대신 죽어 줄 수가 없구나. 아파 줄 수가 없구나. 어차피 내가 싸워야 할 싸움이라면 잘 싸우자'고 마음을 다잡았다. 문이 닫히는 소리를 들으며 나는 기도했다.

"아버지, 이제 저랑 아버지랑 둘이 가는 거예요. 저 붙들어 주세요. 제 손 꼭 잡아 주세요."

수술대로 옮겨지자 밝은 빛이 쏟아졌다. 나는 그 빛을 받으며 정신을 잃었다.

얼마나 지났을까. 너무나 아름다워서 꿈인지 생시인지 알 수 없을 만큼 빛나는 자수정 방을 보았다. 그때 소리가 들렸다.

"어? 엄마가 웃는다. 아빠, 엄마가 웃어."

나는 깨어났다. 참 기분 좋게 깨어났다. 수술도 잘되었다고 했다. 생각보다 별로 아프지 않았다. 의사가 아프지 않냐고 물어서 안 아프다고 했더니 좀 아픈 척하라고까지 했다. 그런데 진짜 안 아팠다.

찾아오는 사람들마다 얼굴이 좋아졌다고 했다. 다행히 회복이 빨랐다. 그저 감사했다. 두 딸은 영문도 모르고 병원에 있는 엄마가 주사 맞는 것만 보고도 눈물을 글썽거렸다.

나는 병원에 있으면서 정리할 일을 찾았다. 하나님이 나에게 연합예배를 후배들에게 넘기라는 마음을 주셨다. 나는 처음에 시작하면서 7년 동안 잘 섬기겠다고 마음먹었지만 하나님은 내가 주인 되려는 것을 원치 않으셨다. 그렇다면 지금이 후배들에게 이 일을 넘길 절호의 기회였다. 후배들도 아픈 내가 하는 부탁을 거절하진 못할 것이다.

"난 암환자라 당분간은 힘들어서 아무것도 못해. 그러니 너희들이 연합예배를 맡아 줘."

"언니, 우린 못해요. 아무것도 몰라요."

"나도 모르고 하는 거야. 내가 하는 거 아니야. 주님이 하시는 거야."

후배들은 모두 난감해 했지만 감히 '노'라고 말하지 못했다. 울며 겨자 먹기로 떠맡았다. 그들이 떠난 후 나는 혼자 웃었다.

"하나님, 애들이 꼼짝 못하네요. 맞아요. 제가 처음에 생각한 대로 7년이나 했으면 교만이 목까지 차서 정말 못 봐 줬을 거예요. 하나님 밀어내고 제가 주인 되어서 다 내가 한 거라고 자랑질하고 까불었을 거예요. 감사해요."

나는 병원을 나오면서 하나님이 다음에 어떤 일을 시키실지 기대가 되었다.

"주님, 말씀하십시오. 제가 여기 있습니다. 뭐든 시키시면 하겠습니다. 다시 생명을 주셨으니 또 새일 하실 주님만 바라보며 가겠습니다."

나는 병원에서 모든 사역을 정리했다.

모든 계획은 내 마음대로 내 계획대로 내 시간대로 되

지 않는다는 걸 알았다. 그래서 주어진 오늘에 최선을 다해 살기로 했다.

연합예배가 벌써 4주년이 되었다. 내가 할 수 없기에 예배 때마다 주님이 하시는 것을 본다. 이제는 'Acts29 합창단'도 만들어졌고, 'Glove'라는 선교를 위한 모임도 만들어졌다.

사람들은 내게 뭘 계획하냐고 물어본다. 하지만 내겐 답이 없다. 그냥 하루하루 열심히 사는 게 내 계획이다. 나의 롤 모델은 용맹스런 다윗도 지팡이를 든 모세도 아닌 구레네 사람 시몬이다.

어느날 성경을 읽다가 구레네 사람 시몬 앞에서 꺼이꺼이 울었다. 그런 사람이 되기로 했다. 예수님이 십자가를 지실 때 제자들도 도망가고 아무도 없던 그때에 예수님의 피 묻은 십자가를 대신 졌던 구레네 사람 시몬, "주님 제가 그런 사람이 되겠습니다" 그게 나의 고백이었다.

누군가 가장 고통스럽고 힘들고 아픈 시간을 보낼 때 같이 울어줄 수 있는 어른이 되기로 했다. 그런 마음으로 사람을 품는 리더가 되기로 했다. 사람들은 이런 말을 하면 나더러 착하다며 감동한다. 그렇지만 나는 내 안에 선한 것이 하나도 없음을 너무나 잘 알고 있다. 그래서 매 순간 선으로 악을 이기기로 결심한다.

나는 내가 가장 큰 적이라는 걸 안다. 난 내가 제일 무섭다. 교만해질까봐, 내가 했다고 내세울까봐, 예수를 믿는 것처럼 위장한 가롯 유다가 될까봐, 하나님을 팔며 거짓 증거할까봐 두렵고 떨린다. 그래서 날마다 십자가에 나를 못 박는다. 나는, 나는 죽고 예수로만 살고 싶다. 나는 오늘도 겨자씨만한 믿음을 가지려고 애쓰며 산다. 그게 전부이다. 그리고 모든 것이 감사하다. 고난도, 힘든 세월도, 눈물도, 아픔도, 어느 것 하나도 버릴 것이 없다.

"주님, 눈 감는 날까지 천국 소망 가지고 주님 마음 아프게 하지 않는 큰딸로 살 내게 붙잡아 주세요. 저의 교만이 당신을 찌르지 않게 하시고, 저의 거짓으로 당신을 눈물나지 않게 하시고, 저의 믿음 없음으로 당신을 떠나지 않게 해주세요. 오직 주님의 사랑으로만 살도록 오늘도 제 손 놓지말아 주세요. 주님 사랑합니다."

내가 태어난 지 벌써 55년이 지났다. 남들이 내 나이를 말할 때마다 나는 지금도 깜짝깜짝 놀란다. 이렇게 긴 시간을 살아왔다니! 그러고 보니 나는 밤마다 몸이 말하는 나이가 되었다. 기상청에 데려다 놓으면 확실한 날씨를 알려 줄 수 있는 나이가 됐다. 어느덧 정리를 잘하고 떠나고 싶은 인생의 후반전에 와 있다.

요즈음 부쩍 잘 죽어야겠다는 생각을 한다. 죽음에 대한 기도를 한다. 소중한 내 아이들을 눈에 더 많이 넣어 두고 더 많은 추억을 만들고 더 많은 사랑을 주고 가야겠다는 생각을 한다. 다행히 내가 늦게나마 철이 들어서 감사하다. 하나님이 나를 만지신 덕분이고, 그분 안에서 내가 누구인지 알게 된 덕분이다.

지난 시간을 돌아보니 많은 일들이 있었다.

나는 아버지를 버리고 떠났다 만신창이가 되어 돌아온 탕

자였고, 말 안 듣고 다시스로 가는 배를 날름 집어탔다가 고래 뱃속에서 3일을 지낸 요나였다. 끓는 혈기로 연예인 후배들에게 던지는 뭇 돌을 막겠다고 나선 모세였고, 스스로 다윗으로 착각한 사울이었다.

혈기 부리다 광야로 도망간 모세처럼, 나는 광야에서 진을 다 빼고 돌아와 이제 아버지 앞에 섰다. 광야에서 주님은 내가 할 수 있는 게 아무것도 없다는 것을 알게 하셨다. 모든 것이 주님 손에 있으며, 나는 내 무릎조차 세울 수 없는 자라는 걸 알게 하셨다.

나는 지금 이 순간 나의 지난 시간들을 정리하며 돌아본다. 내 인생의 전반전을 정리할 기회를 주심에 감사한다. 고집 센 나를 여기까지 포기하지 않고 데려와 주신 아버지께 너무 감사하다. 한편으로 나를 위해 어떤 일을 계획하고 계실지 기대에 부푼다.

나는 지금 행복하다. 무엇을 가져서가 아니라 무엇이든 놓을 수 있어서 행복하다. 그리 아니하실지라도 기쁘다.